Die Seidenstraße
La Route de la Soie

Alessandra Meniconzi

Texte von Bertram Job
Textes de Bertram Job

Feierabend

Inhalt
Table

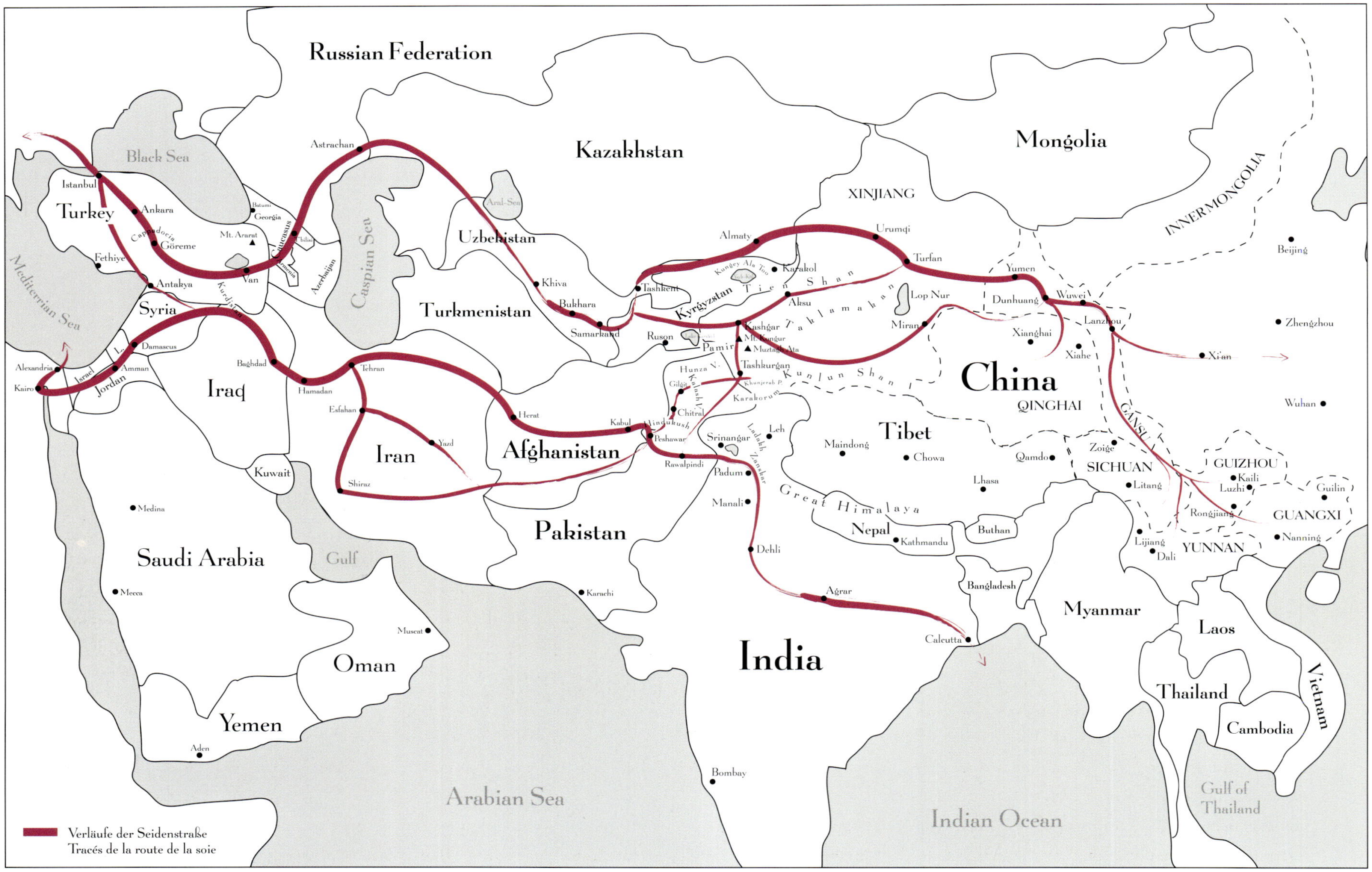
Russian Federation
Kazakhstan
Mongolia
Black Sea
Istanbul
Turkey
Ankara
Cappadocia
Göreme
Fethiye
Antakya
Mediterrian Sea
Syria
Mt. Ararat
Van
Kurdistan
Georgia
Caucasus
Astrachan
Caspian Sea
Aral-See
Uzbekistan
Khiva
Bukhara
Samarkand
Turkmenistan
XINJIANG
Almaty
Urumqi
Turfan
Karakol
Tashkent
Kyrgyzstan
Tien Shan
Aksu
Lop Nur
Taklamakan
Kashgar
Miran
Yumen
Dunhuang
Wuwei
Lanzhou
INNERMONGOLIA
Beijing
Zhengzhou
Xi'an
Xianghai
Xiahe
Ruson
Pamir
Tashkurgan
Kunlun Shan
Karakorum
China
QINGHAI
Wuhan
Alexandria
Kairo
Israel
Jordan
Amman
Damascus
Baghdad
Iraq
Hamadan
Tehran
Esfahan
Iran
Yazd
Shiraz
Herat
Kabul
Afghanistan
Peshawar
Rawalpindi
Hunza V.
Gilgit
Chitral
Hindukush
Srinangar
Leh
Ladakh
Padum
Tibet
Maindong
Chowa
Qamdo
Zoige
SICHUAN
Litang
GANSU
GUIZHOU
Kaili
Luzhi
Guilin
Rongjiang
GUANGXI
Nanning
Lhasa
Manali
Great Himalaya
Nepal
Kathmandu
Buthan
Lijiang
Dali
YUNNAN
Kuwait
Medina
Saudi Arabia
Gulf
Pakistan
Karachi
Dehli
Agrar
Bangladesh
Myanmar
Laos
Mecca
Muscat
Oman
Calcutta
India
Thailand
Vietnam
Cambodia
Yemen
Aden
Bombay
Arabian Sea
Indian Ocean
Gulf of Thailand
Verläufe der Seidenstraße
Tracés de la route de la soie

Unterwegs ist das Leben
Voyager pour vivre

Seit der deutsche Geograf Ferdinand Freiherr von Richthofen im 19. Jahrhundert diesen klangvollen Namen dafür erfand, ist das dicke Bündel der verschiedenen Landwege zwischen dem europäischen Mittelmeerraum und China bzw. Indien als Seidenstraße bekannt. Das posthum etablierte Etikett ist aber eigentlich nicht besonders geschickt gewählt, da es eher um ein ganzes System von Verbindungen denn um eine konkrete ›richtige‹ Straße geht. Außerdem spielte die Seide im mannigfaltigen Strom der Güter, die auf ihnen in beide Richtungen gehandelt wurden, schon länger keine dominierende Rolle mehr. Durch seine Ausstrahlung aber ist der Begriff inzwischen gegen besseres Wissen konkurrenzlos etabliert. Er steht unerschütterlich in jener Reihe charismatischer Ziele, die allein durch den Klang betören können – so wie Acapulco, Shanghai oder Zanzibar.

Kaum eine andere Route ist bis heute so sehr Symbol geworden für die Sehnsucht nach der Ferne. Vom Abend- ins Morgenland, von der europäischen in die chinesische Hochkultur, dazwischen unwirtliche Steppen, steilste Gebirgszüge und gnadenlose Wüsten, unterbrochen von solitären Oasenstädten – mehr Reize für die Angstlust des Reisenden sind kaum vorstellbar. Bedeutende Kulturen wie die der Parther, der Baktrier, der Sogdier erblühten an dem weitläufigen Streckennetz und hinterließen ihre Spuren, nachdem sie wieder verblassten. Riesige Dynastien und kleine Königreiche dehnten vorübergehend ihre Grenzen aus, während andere

La multitude de voies terrestres reliant le bassin méditerranéen à la Chine, ou plus précisément l'Inde, s'est vue baptisée « route de la soie » par le géographe allemand Ferdinand Freiherr von Richthofen au XIXe siècle. Ce nom évocateur qui s'est établi à titre posthume n'est cependant pas véritablement approprié puisqu'il s'applique à tout un réseau de liaisons et non à une véritable route concrète. En outre, la soie n'occupait déjà plus depuis longtemps une place centrale dans les divers flux de marchandises qui effectuaient ces parcours. C'est grâce à son rayonnement que cette notion s'est fixée dans les esprits, chacun ayant toutefois conscience de son inadéquation. Inébranlable, la route de la soie tient son rang parmi ces destinations charismatiques dont le seul nom éveille de profondes résonances, tels Acapulco, Shanghai ou Zanzibar.

Il n'existe guère d'autres routes aujourd'hui qui soient devenues un tel symbole de l'appel du Lointain. Quitter l'Occident pour l'Orient, abandonner la culture européenne pour découvrir la civilisation chinoise et pour ce faire, traverser des steppes inhospitalières, d'abruptes chaînes montagneuses et d'impitoyables déserts, ponctués d'oasis isolées – difficile d'imaginer une aventure plus excitante pour un voyageur en quête de sensations fortes. Parmi les grandes civilisations qui se sont épanouies le long de ce vaste réseau de communications, celles des Parthes, des Bactriens et des Sogdiens, notamment, ont laissé des traces après leur disparition. Ces contrées ont vu des dynasties prodigieuses mais aussi de petits royaumes

Ethnien und nomadisierende Völker fast ohne Einfluss von außen die Jahrhunderte ertrugen. Wer über die Seidenstraße zog, sah schon immer eine Welt voller Facetten.

Dabei funktionierten die exotischen Projektionen seit jeher an beiden Enden der viele Tausend Kilometer langen Strecke. Für das konfuzianische China begann irgendwo hinter dem tibetanischen Hochland das himmlische Reich der Erlösung. Von dort brachten ihre Kaufleute Preziosen wie Safran, Koriander, Rohrzucker, Leinen und die kultisch verehrte Jade mit – von den begehrten Pferden der zentralasiatischen Steppen ganz zu schweigen. Für das von Rom dominierte Europa war das Reich der Mitte nicht nur Zulieferer von Keramiken und Pelzen sowie solcher Kostbarkeiten wie Seide und Papier – zweier Produkte, deren Herstellung man in China über Jahrhunderte geheim halten konnte. Es war das Andere schlechthin, in dem die ersten europäischen Besucher auf faszinierende Kulturstätten und Landschaften trafen.

Was man wirklich voneinander wusste, verdankte sich in diesen Jahrhunderten den reisenden Kaufleuten, die ihre Waren auf den Monate währenden Wegen abschnittweise weiterreichten, aber auch den Trossen begieriger Herrscher wie Alexander dem Großen oder Han-General Li Guangli, die sich die Schätze und den Einfluss zwischen Mesopotamien und der Mongolei mit militärischer Gewalt sichern wollten. Später kamen die emsigen Missionare, Prediger und Schriftgelehrten dazu. Sie sorgten mit ihren auf Jahre und Jahrzehnte angelegten Exkursionen dafür, dass sich die Lehren des indischen Buddhismus, des altiranischen Manichäismus, des nestorianischen Christentums und des Islam außerhalb ihrer Herkunftsländer verbreiteten – wenn auch mit unterschiedlichem Erfolg. Unermüdliche Pilger setzten alsdann in beiden Richtungen mühevoll über die Gebirgszüge zwischen Tibet und Pakistan, um die heiligen Städte ihres neuen Glaubens aufzusuchen. Und schilderten in Wort und Schrift, welche Menschen, Tiere, Landschaften und Bedingungen sie dabei angetroffen hatten.

So wurden auf den west-östlichen Handelswegen schon sehr früh nicht nur kommerzielle Waren, sondern auch Ideen, Glaubenslehren und kulturelle Gepflogenheiten umgeschlagen. Die Seidenstraße war der wichtigste Highway für Informationen jeder Art, über sie gelang das Wissen von dem Leben jenseits der eigenen Kreise weiter. In dieser

étendre provisoirement leurs frontières tandis que quelques ethnies et certains peuples nomades traversaient les siècles loin de toute influence extérieure ou presque. Sur la route de la soie, le voyageur découvre toujours un monde aux multiples facettes.

En fait, les mêmes projections d'exotisme animaient les esprits éloignés par ces milliers de kilomètres de voies terrestres. Pour la Chine confucianiste, le royaume céleste de la délivrance commençait quelque part derrière le haut plateau tibétain. C'est de là en effet que les marchands rapportaient des marchandises aussi précieuses que le safran, la coriandre, le sucre de canne, le lin et le jade tant vénéré, sans parler des chevaux tant convoités des steppes d'Asie centrale. Pour l'Europe, sous la domination de Rome, l'Empire du milieu ne représentait pas uniquement un fournisseur de céramiques, de fourrures et d'objets de grande valeur tels que la soie et le papier – deux produits dont la Chine conservait le secret de fabrication depuis des siècles. C'était tout simplement à la rencontre de l'Autre que partaient les premiers visiteurs européens de ces fascinants lieux culturels nichés dans de singuliers paysages.

A cette époque, ce que chacun connaissait de l'autre, il le devait en réalité aux marchands, qui voyageaient parfois pendant des mois pour écouler leurs marchandises, mais aussi aux équipages des insatiables conquérants tels Alexandre le Grand ou le général han Li Guangli, qui voulurent asseoir par la force leur influence de la Mésopotamie à la Mongolie et s'accaparer les trésors de ces régions. Plus tard arrivèrent les missionnaires, les prédicateurs et les scribes. En effectuant des circuits de plusieurs années voire de plusieurs décennies, ils s'employèrent avec ferveur à diffuser les enseignements du bouddhisme indien, du manichéisme iranien, du christianisme nestorien et de l'islam hors de leurs pays d'origine – avec plus ou moins de résultats. D'infatigables pèlerins entreprirent alors, dans les deux sens, la pénible traversée des chaînes de montagnes qui séparent le Tibet et le Pakistan pour découvrir les villes saintes de leurs nouvelles croyances. Oralement ou par écrit, ils décrivirent ensuite les hommes, les animaux, les paysages et les conditions de vie qu'il leur avait été donné de rencontrer.

Aussi très vite, les voies commerciales entre l'Orient et l'Occident ne servirent-elles plus seulement à l'échange de biens commerciaux mais à celui d'idées, d'enseignements religieux et de coutumes culturelles. Dans

Funktion blieb sie auch nach dem 16. Jahrhundert eminent wichtig, als die neuen Schiffsrouten um das Kap Horn allmählich den interkontinentalen Warenverkehr übernahmen. Bei allem Austausch aber gab und gibt es unter den Hunderten und Aberhunderten von Volksgruppen entlang der weitverzweigten, oft schwer passierbaren Pfade auch etwas Beharrliches: Fast alle von ihnen halten bis heute an den Grundzügen ihrer im besten Sinne althergebrachten Lebensweisen fest.

Diese von der globalisierten Moderne kaum gestreiften Eigenarten haben Alessandra Meniconzi fasziniert, seit sie vor vielen Jahren bei ihrer ersten Asienreise durch Kaschmir zog. Und im Grunde geht es ihr heute noch genauso. »Es gibt so viele Traditionen, die diese Leute in ihrem Alltag bewahren«, sagt sie, »dort geht so wenig verloren, das ist wunderbar. Woanders ändern sich die Dinge doch rasend schnell.« Darum musste sie nach Asien zurückkehren, so oft es nur ging, um bald auch durch andere Regionen an den alten Handelswegen zu ziehen. Dass sie sich größtenteils auf der Seidenstraße befand, wurde ihr erst viel später, auf ihrer zweiten Reise durch Pakistan, plötzlich bewusst. Und dass sie eigentlich schon im Begriff war, dabei Fotos zu schießen, die man bald in vielen europäischen Magazinen abdrucken würde – das hatte die jetzt vierzigjährige Schweizerin lange Zeit ebenfalls nicht geahnt.

Alessandra Meniconzi hegte nämlich nie professionelle Absichten, wenn sie auf Reisen ging. Sie war und ist einfach in das Unterwegs-Sein verliebt. Es ist für sie ein Zustand der Offenheit, in dem sie furchtlos alles Neue vor ihrer Nase akzeptiert: die Leute, die Landschaften, das gesamte Leben. In diesem Zustand, ist sie überzeugt, kann ihr kaum etwas Übles geschehen: "Wenn du freundlich bist, erhältst du Freundlichkeit zurück." So ist die Tessinerin seit mehr als

tous les domaines, la route de la soie constituait une véritable autoroute de l'information. Elle permettait à chacun de faire partager sa connaissance de la vie au-delà de son propre milieu. A cet égard, elle demeura éminemment importante même après l'ouverture, au XVIe siècle, des voies maritimes contournant le cap Horn qui remplacèrent peu à peu le trafic de marchandises intercontinental. Malgré les échanges, on note une certaine constance chez les centaines de groupes ethniques établis le long de ses sentiers très ramifiés et souvent difficiles : presque tous ont conservé jusqu'à aujourd'hui les principes fondamentaux de leur mode de vie traditionnel.

Ces particularismes à peine effleurés par la globalisation moderne ont ébloui Alessandra Meniconzi lors de son premier voyage en Asie. Depuis sa découverte du Cachemire, il y a de longues années, sa fascination ne s'est d'ailleurs pas démentie. « Les gens ont conservé tant de traditions dans leur vie quotidienne »explique-t-elle,« là-bas, rien ou presque ne se perd, c'est merveilleux. Ailleurs les choses changent à toute vitesse». C'est pour cette raison qu'elle n'a eu de cesse de retourner en Asie, ce qui l'a finalement menée dans d'autres régions desservies par les anciennes voies commerciales. Le fait qu'elle sillonne essentiellement la route de la soie lui est subitement apparu beaucoup plus tard, lors de son deuxième voyage au Pakistan. Pendant longtemps, cette Suissesse de quarante ans n'aurait pas non plus imaginé que les photos qu'elle avait déjà l'idée de prendre seraient bientôt publiées dans de nombreux magazines européens.

En voyage, Alessandra Meniconzi ne nourrissait en effet aucune ambition professionnelle. Ce qui lui plaisait et qui la motive encore aujourd'hui, c'est le simple fait de voyager. Pour elle, le voyage représente un état d'ouverture qui lui permet d'accepter sans crainte toutes les choses nouvelles qui se présentent à elle : les gens, les paysages, la vie en général. Dans cet état,

fünfzehn Jahren in erster Linie als Reisende unterwegs, die sich den Menschen nicht mit dem wissenschaftlichen Interesse der Ethnologin oder der Eile der Berufsfotografin nähert. Sie ist schlicht Alessandra, die ihren eigenen, empathischen Fähigkeiten vertraut – und damit offenbar immer richtig liegt. »In all den Jahren hatte ich nie ein Problem mit den Menschen dort«, sagt sie. Ganz im Gegenteil. Mitten in Tadschikistan haben ihr ein paar Dörfler nach kürzester Zeit ihren gesamten Fischfang des Tages angeboten. Irgendwo im Norden Chinas stellte ihr eine Familie ein Bett auf unbestimmte Zeit zur Verfügung. Sie schlief in den Zelten kirgisischer Nomaden, nahm an einer kasachischen Hochzeit teil und bekam in den tibetischen Bergen den famosen Yak-Tee eingeschenkt. Solche Zeichen und Gesten von Menschen, mit denen sie keine drei Worte wechseln kann, erhält sie immer wieder. Sie geschehen unabhängig von Rasse oder Religion, wie sie glaubt, da sie das Esperanto eines weltumspannenden ›Common Sense‹ bilden. »Du darfst diese Leute nicht als Primitive behandeln«, sagt Meniconzi. »Und du musst genug Zeit mitbringen, um verweilen zu können. Dann erlebst du sowas auch.«

Bis zu drei Monate im Jahr setzte sie zu Fuß, auf Eselskarren, in Jeeps oder sonst wie über halsbrecherische Gebirgszüge und sengendheiße Wüstenpassagen – meistens in Begleitung, manchmal allein. Am liebsten aber reist sie mit dem Mountainbike, "denn ich stelle mich gerne Herausforderungen, kreativer wie physischer Art. Und was sind Busse? Die bringen dich lediglich von einem Ort in den nächsten." Die Welt, der sie auf der Spur ist, beginnt ja erst dazwischen, jenseits der asphaltierten Wege. Das ist der besondere Reiz oder Charme, der sich auch auf ihre Fotografien überträgt. Was man dort sieht, wirkt auf intime Weise so vertraulich, als würde man ein Geheimnis erspähen – ganz egal, ob es

elle est convaincue qu'il ne peut rien lui arriver : «Quand on est gentil avec les autres, ils le sont également en retour». Ainsi depuis plus de quinze ans, cette Tessinoise voyage dans le but essentiel de se rapprocher des gens, non pas en manifestant l'intérêt scientifique d'une ethnologue ou la hâte d'une photographe de métier mais en tant qu'elle-même, avec ses propres qualités d'empathie – et manifestement toujours avec une grande justesse. «Durant toutes ces années, je n'ai jamais rencontré de problème avec les gens là-bas» affirme-t-elle. Bien au contraire. Au cœur du Tadjikistan, deux villageois lui ont offert la totalité de leur pêche au bout de quelques jours. N'importe où dans le Nord de la Chine, il s'est toujours trouvé une famille pour lui improviser un lit à son arrivée. Elle a partagé la tente des nomades kirghizes, assisté à un mariage kazakh et s'est vu offrir dans les montagnes tibétaines le fameux thé rance au beurre de yack. Elle ne cesse de recevoir ce genre de signes et de gestes de la part des gens avec lesquels elle ne peut à peine échanger trois mots. Indépendamment de toute notion de race ou de religion, ils représentent à ces yeux l'espéranto d'un «bon sens» universel. «Il ne faut pas considérer ces gens comme des primitifs» dit Alessandra Meniconzi. «Il est également important de prévoir le temps de s'attarder. C'est comme cela qu'on fait ce genre d'expérience».

Jusqu'à trois mois par an, elle se lance à pied, en carriole, en jeep ou autres à l'assaut de périlleuses traversées de chaînes montagneuses ou de déserts torrides – la plupart du temps accompagnée, mais aussi parfois en solitaire. Néanmoins c'est en VTT qu'elle préfère voyager « car j'aime me lancer des défis aussi bien sur le plan créatif que d'un point de vue physique. Or qu'est-ce qu'un bus ? Un moyen de se rendre d'un endroit à l'autre, c'est tout ». Le monde qu'elle recherche commence justement entre ces différents points, de part et d'autre des rubans d'asphalte. C'est aussi cette excitation particulière ou ce charme que l'on retrouve dans ses photos. Ce qu'on y voit semble si intimement familier qu'on a l'impression de surprendre un secret

dabei um das Panorama eines entlegenen Flusstals im Hindukusch oder um das Porträt einer alten Kalash-Frau geht.

Wie den Menschen näherte sich Meniconzi auch der Fotografie auf völlig unbefangene Weise. Es dauerte einige Jahre, bis die gelernte Grafik-Designerin erstmals ein Handbuch zu Hilfe nahm, um sich in die technischen Grundlagen einzufinden. Ihre Fotos aus dieser Zeit hielt sie anfangs für so unerheblich, dass sie fast im Papierkorb statt in der Schublade gelandet wären. Mit den Jahren verfeinerte sie ihren fotografischen Blick und verbesserte allmählich ihr Equipment – auch wenn sie ihre Ausrüstung bis heute in sehr bescheidenem Umfang hält. Mehr zu besitzen, als man tragen und gebrauchen kann, ist ohnehin nur Verschwendung; das hat sie unterwegs gelernt. Kein Nomade würde so etwas tun.

Es brauchte dann gute Freunde, um sie zu überreden, ihre Fotos an Magazine zu schicken. Die druckten prompt, denn was ihnen da auf den Leuchttisch kam, hatten sie so plastisch, so selbstverständlich nah bislang kaum gesehen. Und es brauchte wieder Freunde, bis sie sich endlich dazu entschließen konnte, die besten aller an der Seidenstraße entstandenen Motive zu ihrem ersten Bildband zusammenzustellen. Das war die Mühen wert. Meniconzis Fotos zeigen, wie Menschen in den erhabensten und schwersten Regionen der Welt überleben und leben. Sie zeugen bei aller Mühsal des Alltags, und allen Wettern zum Trotz, von einer geheimnisvollen Harmonie: Alles scheint hier genau an seinem Platz zu sein. Solche Wirkung ist nicht so sehr eine Frage der Kameratechnik. Sie entsteht, wenn man sich ganz und gar in dieses Leben hineinbegibt.

– peu importe d'ailleurs qu'il s'agisse du panorama d'une vallée fluviale isolée de l'Hindou-kouch ou du portrait d'une vieille femme kalash.

C'est avec la même candeur qu'Alessandra Meniconzi a approché la photographie. Designer graphique de formation, il lui aura fallu quelques années pour ouvrir un manuel de photographie afin d'apprendre par elle-même les rudiments de cette technique. Les prises de vue de cette époque lui paraissaient si insignifiantes qu'elles auraient aussi bien pu atterrir dans la corbeille à papier que dans un tiroir. Au fil des années, elle a affiné son œil et amélioré progressivement son équipement – même si elle préfère limiter son matériel. Posséder davantage de biens qu'on ne peut en porter et avoir besoin n'est de toutes façons que gaspillage ; cela, elle l'a appris en voyage. Aucun nomade ne se comporterait ainsi.

Il lui aura ensuite fallu de bons amis pour la convaincre d'envoyer ses photos aux magazines. Elles furent immédiatement diffusées car les éditeurs avaient rarement vu sur leur table lumineuse quelque chose d'aussi plastique et d'aussi naturel. Et il aura fallu encore d'autres amis pour qu'elle se décide enfin à réunir dans un album ses meilleurs clichés de la route de la soie. Le jeu en valait la chandelle. Les photos d'Alessandra montrent comment vivent et survivent les gens dans les régions à la fois les plus sublimes et les plus dures du monde. Témoins des misères de leur quotidien, elles incitent à l'opiniâtreté et révèlent une mystérieuse harmonie : tout semble exactement à sa place. Ce genre d'impression n'est pas uniquement une question de maîtrise technique. Elle se manifeste lorsqu'on s'implique totalement dans la vie qu'on dépeint.

Türkei
La Turquie

Vom Bosporus nach Kurdistan
Du Bosphore au Kurdistan

Schnittstelle der Kontinente und Kulturen, merkantile Metropole zwischen Marmara- und Schwarzem Meer: Einen besseren Startpunkt für die Reise auf den alten Handelswegen als Istanbul müsste man erst noch erfinden. Gegründet als griechische Handelskolonie Byzantion und prachtvoll ausgebaut zur römischen Welthauptstadt Konstantinopel, ist die heimliche Hauptstadt der Türkei bis heute ein Moloch mit internationalem Flair geblieben. Unter den Türmen der Süleymaniye-Moschee und der Hagia Sophia entfaltet sich das pralle Leben auf ungezählten Basaren, traditionellen Märkten und in eleganten Luxus-Passagen. Handel ist hier das kosmopolitische Grundprinzip.

Allzu schnell glaubt der Reisende danach, auch den riesigen Rest der Türkei schon vorauszusehen – Berge und Schafe und Hirten, das anatolische Klischee. Doch gerade im vorderasiatischen Teil finden sich einzigartige Spuren und Monumente, die von weit früheren Zeiten erzählen. Ein paar hundert Kilometer südöstlich der Hauptstadt Ankara, einst Knotenpunkt der persischen Königsstraße von Sardes nach Susa, beginnt die unverwechselbare Kappadokien-Region; dort wähnen sich

Point d'intersection de continents et de cultures, centre mercantile posté entre Marmara et la mer Noire, Istanbul reste le meilleur point de départ pour un voyage sur les anciens axes commerciaux. Antique comptoir de commerce fondé par les Grecs sous le nom de Byzance, dont les Romains firent par la suite la fastueuse métropole impériale de Constantinople, la capitale officieuse de la Turquie est demeurée un Moloch au parfum international. Sous les tours de la mosquée Süleymaniye et de Sainte-Sophie, la vie bat son plein au milieu des bazars, des marchés traditionnels et des élégants passages de luxe. Le commerce constitue ici le ciment d'une société fondamentalement cosmopolite.

Trop vite, le voyageur s'imagine ensuite pouvoir présumer du reste de l'immense territoire turc : les montagnes, les moutons et leurs bergers – le cliché de l'Anatolie. Or, dans la partie proche-orientale, des traces et des monuments exceptionnels témoignent de temps beaucoup plus anciens. A quelques centaines de kilomètres au sud-est de la capitale Ankara, ancien nœud de communication de la voie royale perse reliant Sardes et Sousse, commence l'incomparable Cappadoce. Si le voyageur a souvent l'impres-

Reisende oft wie auf einem anderen Planeten. Das liegt an den einmaligen Felskegellandschaften zwischen Nevsehir und Ürgüp, wo Erosion und Schmelzwasser das vulkanische Tuffsteingebirge zu bizarren Kulissen verformt hat. So etwa im »Tal der Mönche« bei Zelve oder in den Zuckerbäcker-Canyons im Ihlara-Tal. Und die in den Tuffstein hineingebauten Kirchen und Klosteranlagen im Talkessel von Göreme gehören samt ihren tausendjährigen Wandmalereien inzwischen zum UNESCO-Weltkulturerbe.

Noch weiter südöstlich durchquert man die bergige Provinz Adiyaman, die einmal Zentrum der mächtigen Kommagene-Dynastie sowie römische Provinz gewesen ist. Auf dem 2150 Meter hohen Gipfel des Nemrud im Bezirk Kahta prangt das von Altaren, Reliefs und Statuen gesäumte Grabdenkmal (Tumulus) des Kommagene-Königs Antiochus I, das erst 1881 wiederentdeckt wurde. Das Grab selbst, das darunter vermutet wird, ist trotz emsiger Forschungen bis heute nicht gefunden worden.

Andere tradierte Handelswege führten entlang der Türkischen Riviera, dem früheren Lykien, in Richtung Antalya. Sie passierten die Hafenstädte Fehtiye, Kas und Kale mit seinen von den Lykiern angelegten Felshöhlengräbern. In Richtung des Kaukasus konnte es aber auch durch das herbe Kurdistan gehen. In den windgepeitschten Höhenzügen und Tälern an der Grenze zum Iran und Irak entspinnt sich das karge Leben der Bauern und Halbnomaden noch immer unter mittelalterlichen Bedingungen. Doch ein offener Blick zur Begrüßung der Fremden ist gerade hier im Grenzgebiet obligat. Wechselnde Wetter, beständige Haltungen: So schickt Zentralasien in den kurdischen Bergen seine Botschaften voraus.

sion de se retrouver sur une autre planète dans cette région, c'est en raison des fantastiques paysages hérissés de pitons rocheux qui se déroulent entre Nevsehir et Urgüp. L'érosion et l'eau de fonte des neiges y ont façonné un étrange décor composé de buttes de tufs volcaniques. Ainsi sont nés la «vallée des Moines» près de Zelve et les canyons de la vallée d'Ihlara. Les églises et les monastères construits à l'intérieur du tuf dans la vallée encaissée de Göreme sont désormais inscrits au patrimoine mondial de l'UNESCO car ils abritent des peintures murales millénaires.

En continuant la descente vers le sud-est, on traverse la province montagneuse d'Adiyaman, ancien centre de la puissante dynastie de Commagène et ancienne province romaine. Au sommet du Nemrut Dag qui culmine à 2 150 mètres, dans le district de Kahta, resplendit le mausolée du roi de Commagène Antiochos Ier, un tumulus bordé d'autels, de bas-reliefs et de statues. Le site ne fut découvert qu'en 1881. Le tombeau qu'on pense enfoui en deçà n'a pas encore été lui-même mis au jour malgré des fouilles assidues.

D'autres routes commerciales traditionnelles rejoignaient l'ancienne région côtière de la Lycie en direction d'Antalya. Elles traversaient les villes portuaires de Fethiye, de Kas et de Kale où les Lyciens avaient creusé des tombeaux dans la falaise. En direction du Caucase, il était également possible de traverser l'austère Kurdistan. Dans les montagnes et les vallées battues par les vents à la frontière entre l'Iran et l'Irak, des paysans et des semi-nomades vivent encore chichement dans des conditions dignes du Moyen-Age. Pourtant ils ne sauraient accueillir l'étranger sans un large sourire. Dans les montagnes kurdes, quelle que soit la météo, le moral reste au beau fixe – tel est le message que nous envoie cette région frontalière d'Asie centrale.

Kaukasus
Le Caucase

Durch Armenien und Georgien

L'Arménie et la Géorgie

Als Handelskorridor zwischen dem Norden, dem Westen und Zentralasien war die transkaukasische Region immer von großer Bedeutung, gleich welche Imperien sich das Gebiet zwischen dem Schwarzen und dem Kaspischen Meer gerade einverleibt hatten. Es ging etwas Gefahrvolles von ihr aus, seit den ersten Händlern an den oft schwer passierbaren Karawansereien plündernde Banden folgten – und Geschichten, die solche Zwischenfälle noch übertrieben, so etwa Alexandre Dumas' »Gefährliche Reise durch den wilden Kaukasus«. Heute haben die jungen Republiken von Armenien und Georgien ganz andere Probleme. Sie sind 1991 angetreten, um sich jenseits der Machtblöcke - und ohne die Hilfe eines nennenswerten Tourismus - als unabhängige Staaten mit Perspektiven zu etablieren.

Dabei fühlt sich eine Reisende aus der Schweiz in Georgien mitunter so, als sei sie nie fortgekommen. Die vielen Hochplateaus sind so üppig bewachsen wie im Wallis (im Durchschnitt liegt das Land auf 1230 Meter). Das Klima ist durch den Schutz der Gebirgskette im Norden, dem Großen Kaukasus, ähnlich mild. Links und rechts der einzig gut ausgebauten Straße nach der Hauptstadt Tbilissi (Tiflis) liegen die fruchtbaren Felder einer

Couloir commercial entre le Nord, l'Ouest et le Centre de l'Asie, la région transcaucasienne a joué un rôle commercial important sous tous les empires qui ont régi les terres s'étendant de la mer Noire à la mer Caspienne. Elle fut ensuite perçue comme hasardeuse lorsque les bandes de pilleurs succédèrent aux marchands dans les caravansérails devenus souvent peu amènes – des récits se chargèrent en outre d'exagérer ces incidents, à l'instar du *Voyage dans les dangers et l'extrême rudesse du Caucase* d'Alexandre Dumas. Aujourd'hui, les jeunes républiques d'Arménie et de Géorgie sont confrontées à un tout autre problème. En 1991, elles ont proclamé leur souveraineté et décidé d'ouvrir de nouvelles perspectives à leurs Etats, à côté des grandes puissances et ce, sans même bénéficier d'une activité touristique notable.

En Géorgie, le voyageur ne peut s'empêcher de penser à la Suisse car les hauts plateaux (le pays affiche une altitude moyenne de 1230 mètres) sont aussi verts que le Valais. Grâce à la protection que lui apporte la chaîne montagneuse du grand Caucase qui s'étend au nord, la Géorgie jouit d'un climat pareillement doux. De part et d'autre de l'unique route bien aménagée qui mène à Tbilissi (ancienne Tiflis) s'é-

intensiven Landwirtschaft. In der Kapitale selbst, einer Millionenstadt, wimmelt es von altehrwürdigen, christlich-orthodoxen Kirchen.

Die Route von Wladikawkas nach Tbilissi war viel genutzter Karawanenweg und wurde im zaristischen Russland wegen seiner strategischen Bedeutung offizielle Heerstraße. Tolstoj, Tschechow, Gorki und andere russische Literaten reisten hier begeistert durch. Inzwischen bleiben die Militärs ihr ebenso fern wie fremde Reisende. Das Willkommen ist überall freundlich, die Zahl der Unterkünfte aber sehr beschränkt.

Noch mehr Kreuze und Kirchen drängen sich im nicht mal halb so großen Armenien. Die Nachkommen einer über 4000 Jahre alten, assyrisch-babylonischen Hochkultur gründeten den ersten christlichen Staat der Welt und profitierten sehr früh von dem regen Treiben in ihren zahlreichen, von den Ioniern gegründeten Handelskolonien. Die Hauptstadt Erewan war schon als »Erebuni« geschäftiges Zentrum des Königreichs von Ararat. Heute dagegen ist die Wirtschaft des Landes ausgesprochen strukturschwach. Viele Armenier suchen in der Osttürkei halb legale oder illegale Beschäftigung, wenn sie nicht ganz auswandern (rund 1,5 Millionen Armenier leben im Ausland). Zurück bleiben karge, wilde Hochebenen und waldreiche Senken samt ihren gottesfürchtigen Bewohnern. Die pflegen ihren Glauben nicht weniger als ihre ausgeprägte Liebe zu Literatur, Kunst und Musik – und die Neugier auf die wenigen Fremden, die sich auf ihren notdürftig ausgebauten Straßen in südlicher Richtung verlieren.

tendent les champs productifs d'une agriculture intensive. La capitale, elle, est une ville d'un million d'habitants qui foisonne d'anciennes et vénérables églises orthodoxes.

La route de Vladikavkas à Tbilissi fut d'abord très fréquentée par les caravanes. Dans la Russie tsariste, elle devint la route officielle de l'armée en raison de son importance stratégique. Les grands auteurs russes, tels Tolstoï, Tchékhov et Gorki y effectuèrent de fascinants voyages. Depuis les militaires en sont restés aussi éloignés que les voyageurs étrangers. Partout on reçoit un accueil chaleureux même si les possibilités d'hébergement demeurent très limitées.

Les croix et les églises se font encore plus nombreuses sur le territoire arménien dont la superficie n'atteint même pas la moitié de celui de la Géorgie. Les descendants de la grande civilisation assyro-babylonienne qui s'y développa il y a plus de quatre mille ans fondèrent en Arménie le premier Etat chrétien du monde et tirèrent très tôt parti de l'activité dynamique de ses nombreux comptoirs commerciaux créés par les Ioniens. La capitale, Erevan, était déjà un centre commercial, connu sous le nom de «Erebouni», à l'époque du royaume d'Ararat. Aujourd'hui, en revanche, l'économie du pays connaît des difficultés structurelles marquées. De nombreux Arméniens vont chercher un emploi à moitié légal voire clandestin dans l'Est de la Turquie quand ils ne migrent pas complètement (environ 1,5 million d'Arméniens vivent à l'étranger). Au pays restent les pieux habitants des hautes plaines arides et sauvages et des vallées boisées. Ils ne ménagent guère plus leur foi que leur passion pour la littérature, les arts et la musique – et leur curiosité pour les rares étrangers qui viennent se perdre sur leurs routes de fortune en direction du sud.

Zentral-asien

L'Asie centrale

Durch das alte Turkestan
A travers l'ancien Turkestan

Im Bewusstsein der Weltöffentlichkeit sind die neuen Nationen Zentralasiens so zurückgedrängt, als handelte es sich um eine Region am Ende der Welt. Dabei sind die Gebiete des einstigen Turkestan das unentbehrliche Zwischenstück zwischen dem Westen, dem fernen Osten und dem Orient. An kaum einer anderen Nahtstelle der Welt stoßen die kulturellen Einflüsse verschiedenster Hochkulturen aus über 2000 Jahren so dicht gedrängt aufeinander. Und doch ist nirgendwo mehr Weite erfahrbar als hier.

Kasachstan

Das gilt besonders für das multikulturelle Kasachstan. In dem neuntgrößten Land der Welt, das siebeneinhalb Mal so viel Fläche hat wie die Bundesrepublik Deutschland, verlieren sich im Mittel gerade sechs Menschen auf einem Quadratkilometer. Von der Sand- und Halbwüste bis zur Steppe ist hier jede Form von Weitläufigkeit vorhanden. Riesige Erdöl- und Erdgas-Pipelines künden von einem einträglichen Außenhandel, zahllose orthodoxe, islamische und christliche Kirchen von tolerierter Vielfalt – wenn auch die Abschiebung der turk-

Dans la conscience collective, les nouveaux Etats d'Asie centrale vivent dans de telles conditions de répression qu'ils semblent appartenir à un autre monde. La région de l'ancien Turkestan se situe pourtant au carrefour de l'Occident, de l'Orient et de l'Extrême-Orient. Par ailleurs c'est sans doute l'un des rares points du monde où les influences culturelles des civilisations les plus diverses achoppent avec autant de virulence depuis plus de deux mille ans. Or nulle part ailleurs éprouve-t-on autant le sentiment d'être loin de tout.

Le Kazakhstan

Ce sentiment est particulièrement fort au Kazakhstan. Avec une superficie près de cinq fois supérieure à celle de la France pour à peine six habitants au kilomètre carré, cet Etat multiculturel est le neuvième plus grand pays du monde. Du désert de sable à la steppe en passant par le semi-désert, il réunit toutes les formes d'étendues naturelles possibles. De gigantesques oléoducs et gazoducs témoignent d'un commerce extérieur prospère tandis que les innombrables églises orthodoxes, islamiques et chrétiennes reflètent une tolérance à l'égard de la pluralité – même si le refou-

stämmigen Uiguren nach China im Ausland ebenso kritisiert wird wie die autokratische Herrschaft von Staatspräsident Nursultan Nasarbajew.

Es waren vornehmlich die Uiguren, die in Vorzeiten den Warenumschlag auf dem Karawanenweg entlang des Aralsees organisierten. Er führte durch den Süden des Landes in seine bergigste Region bei Almaty (Alma-Ata), der jetzigen Hauptstadt an der Grenze zu Kirgistan.

Usbekistan

Südlich davon führt eine andere, jahrtausendalte Route durch Usbekistan - das Land der Baumwollfelder, der Wüsten und der legendären Handelsstädte. In seinen fruchtbaren Ebenen liegen die steinalte Oase Buchara und das weitläufige, von hohen Gebirgsketten beschützte Fergana-Tal, die »Perle Usbekistans« - und schließlich das einst weltberühmte Samarkand.

Legendär waren die Reichtümer aus aller Welt, die im Fergana-Tal zum Ost-West-Transport umgeschlagen wurden. Und sagenhaft waren die Bauten, mit denen das neu errichtete Samarkand bis zum 15. Jahrhundert zum bedeutendsten Zentrum islamischer Kultur avancierte. Der mongolische Herrscher Timur-Leng hatte dort den zentralen Registan-Platz errichten lassen und eine schnurgerade Straße der Basare sowie Moscheen, Mausoleen und drei Medresen (Hochschulen) von einzigartigen Dimensionen. Darüber wurde die Stadt laut einem Dichterwort »schönstes Antlitz, das die Erde der Sonne je zugewandt hat«.

lement des Ouïgours d'origine turque vers la Chine est autant critiqué à l'étranger que le régime autocrate du président Noursoultan Nazarbaïev.

Ce sont principalement les Ouïgours qui organisèrent jadis le transport des marchandises par caravanes le long de la mer d'Aral. La route traversait le Sud du pays dans sa région la plus montagneuse, là où se trouve Almaty (Alma-Ata), l'actuelle capitale, à la frontière avec le Kirghizstan.

L'Ouzbékistan

Plus au sud, une autre route millénaire traversait l'Ouzbékistan – pays de champs de coton, de déserts et de villes commerciales légendaires. Ses plaines fertiles abritent l'antique oasis de Boukhara, la vaste vallée intramontagnarde de Fergana – «perle de l'Ouzbékistan» – et enfin l'illustre Samarkand.

De mythiques marchandises venues du monde entier franchissaient la vallée de Fergana dans le cadre des échanges commerciaux entre l'Orient et l'Occident. Puis Samarkand se vit parer de somptueux édifices qui en firent le plus grand centre de la culture islamique jusqu'au XVe siècle. L'empereur mongol Tamerlan y fit aménager la place centrale du Registan, une rue tracée au cordeau traversant le bazar mais aussi des mosquées, des mausolées ainsi que trois medersas (universités) aux dimensions exceptionnelles. La ville devint alors pour le poète «le plus beau visage que la terre ait jamais tourné vers le soleil».

Dieses kulturhistorische Vermächtnis wird nach dem Ende der Sowjetherrschaft nun wieder gepflegt, wie heutige Besucher erkennen können: Das alte Samarkand wird wieder herausgeputzt. Doch in der usbekischen Politik sind islamistische Strömungen unerwünscht. Und das gilt ebenso für die im Osten angrenzende, zu 94 Prozent aus gebirgiger Fläche bestehende Republik Kirgistan: Hier, wo Moslems, Christen, Baptisten und Adventisten koexistieren, ist die Gründung religiöser Parteien per Gesetz verboten.

Comme le visiteur peut le constater aujourd'hui, cet héritage culturel et historique est à nouveau entretenu. Depuis la fin du régime soviétique, le vieux Samarkand se montre désormais sous son meilleur jour. Néanmoins, la politique ouzbek ne voit pas les courants islamiques d'un très bon œil. Il en va de même dans la république du Kirghizstan qui s'étend à l'est. Dans ce pays à 94% montagneux, où se côtoient musulmans, chrétiens, baptistes et adventistes, les partis religieux sont interdits par la loi.

Kirgistan

Eingeklemmt zwischen dem mächtigen Tien-Shan-Gebirge und dem Pamir-Altai, etablierten sich die indoeuropäischen Kirgisen zunächst als Halbnomaden. An den vor Quellwassern gluckernden, im Sommer in allen Pastelltönen leuchtenden Hängen sind ihre mit Pelzen gedeckten Rundzelte, die Yurtas, bis heute noch vereinzelt zu sehen. Das gleiche gilt für ihre kräftigen Pferde, die man hier »die Flügel unserer Leute« nennt. Doch auch in den sturmgepeitschten, bizarr-schönen Höhen des so genannten »Landes der tausend Quellen« führt die Mehrzahl der 4,7 Millionen Einwohner – darunter auch Russen, Usbeken, Ukrainer, Tataren und eine kleine deutsche Kolonie – inzwischen ein sesshaftes Leben. Die ausgeprägte Gastfreundschaft der Kirgisen blieb aber gerade an den steilen Schotterpisten, jenseits der wenigen Städte, bis heute erhalten: Ein Lächeln und eine Holzschüssel voll Stutenmilch sind dort immer noch unwiderstehlich.

Le Kirghizstan

Les premiers Kirghiz qui s'établirent entre les imposantes chaînes du Tian Shan et du Pamir-Altaï étaient des semi-nomades indo-européens. Dans les hauteurs à la beauté étrange de ces massifs balayés par les tempêtes, dont les pentes rafraîchies par quantité de sources se teintent de couleurs pastels l'été, on aperçoit encore de temps à autre quelques yourtes isolées. Près de ces tentes rondes couvertes de peaux, on voit paître de puissants chevaux, que les Kirghiz considèrent comme les «ailes de leur peuple». La majorité des 4,7 millions d'habitants du « pays des mille sources » – parmi lesquels on dénombre également des Russes, des Ouzbeks, des Ukrainiens, des Tatares et une petite colonie d'Allemands – mènent cependant une vie sédentaire. Sur les abruptes sentiers caillouteux qui relient les rares villes du pays, le sens de l'hospitalité n'a toutefois pas cessé de se perpétuer : qui saurait résister à un bol de lait de jument offert avec un sourire dans un modeste récipient en bois?

Tadschikistan

Unterhalb von Kirgistan beginnt schließlich das fremdeste, unbekannteste und dabei gefährlichste Land der ganzen Region: Tadschikistan. Politisch nach dem Zusammenbruch des Sowjetreiches auseinander gefallen, bekämpften sich pro-kommunistische und moslemische Clans bis 1997 in einem blutigen Bürgerkrieg. 60.000 Tadschiken ließen dabei ihr Leben, 500.000 flüchteten ins Ausland. Das Völkergemisch der 7 Millionen, die geblieben sind, könnte ohne die Hilfe humanitärer Organisationen kaum überleben. Und das gilt besonders für den Osten, wo sich die mächtigen Gebirgszüge des Pamir mit seinen allzeit schneebedeckten Gipfeln erheben.

»Bam-i-dunya«, das Dach der Welt: Wo sich einst die Karawanen osmanischer, sogdischer, chinesischer und sonst welcher Kaufleute über die 4000 Meter hohen Maultierpfade kämpften, ist es heute auf unheimliche Weise still. Nur vereinzelt begegnet man hier Familien, die ohne Strom und Verkehrsmittel ausharren und das bisschen Brot und Tee mit den Fremden teilen. Sonst bewegen sich auf den Pässen, deren Umgebung zum Teil noch vermint ist, allenfalls einige der 20.000 russischen Friedenssoldaten. Und Menschen, die man eher vermutet als wirklich sieht: Drogenkuriere und Taliban-Kämpfer aus Afghanistan, moslemische Rebellen aus der autonomen Region Gorno-Badschanien. Es fällt schwer, die wie von Impressionisten gemalten Panoramen der Pamir-Berge zu genießen. Die Spannungen liegen förmlich in der dünnen Luft.

Le Tadjikistan

Au sud du Kirghizstan s'étend enfin le pays le plus lointain, le moins connu et donc le plus dangereux de la région : le Tadjikistan. Après l'effondrement politique de l'Union soviétique, les pro-communistes se sont affrontés avec les clans musulmans jusqu'en 1997. Cette guerre civile sanglante a fait soixante mille morts auxquels s'ajoutent cinq cent mille réfugiés tadjiks à l'étranger. La multitude de peuples auquel appartiennent les sept millions d'habitants restés pourrait à peine survivre sans l'aide des organisations humanitaires. La situation est d'autant plus dramatique à l'est où les imposants sommets du Pamir demeurent enneigés à longueur d'année.

«Bam-i-dunya», le toit du monde, là où jadis les caravanes des marchands ottomans, sogdiens, chinois et autres empruntaient des sentiers muletiers perchés à 4 000 mètres d'altitude. Il règne aujourd'hui un calme inquiétant alentour. On croise de temps à autre quelques familles qui vivent sans électricité ni moyen de transport et offrent à l'étranger de partager leur peu de pain et de thé. Sinon les cols, dont les environs sont en partie encore minés, sont gardés par quelque vingt mille soldats russes appartenant aux forces de maintien de la paix. Par ailleurs on perçoit la présence, plus qu'on ne la voit, des trafiquants de drogue et des opposants aux Talibans en provenance d'Afghanistan ainsi que des rebelles musulmans de la région autonome du Gorno-Badakhchan. Il est difficile de véritablement profiter des panoramas du Pamir tel que les impressionnistes les peignirent tant les tensions semblent palpables dans l'air.

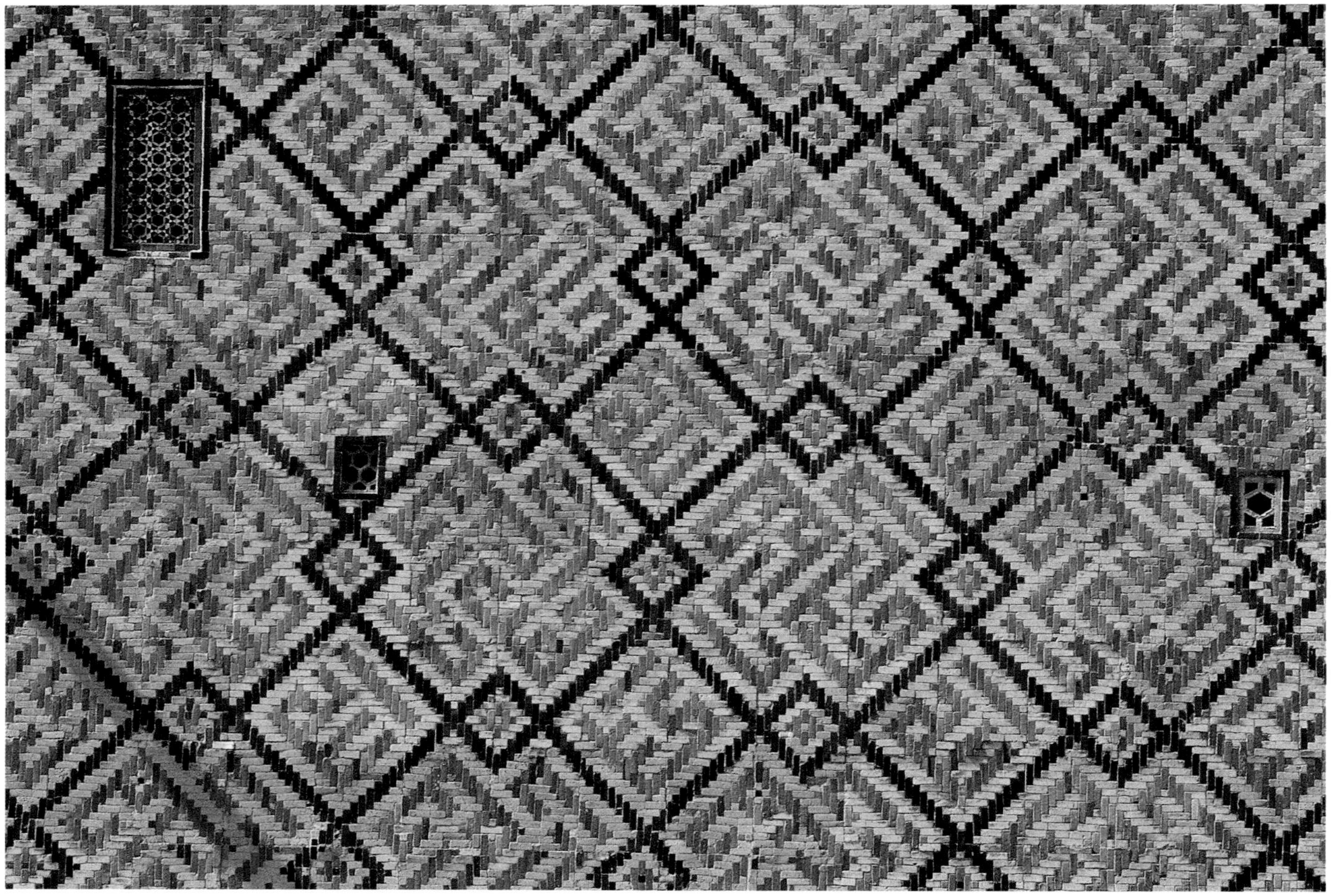

China
La Chine

Xinjiang

Im Nordwesten der Provinz Xinjiang
Le Nord-Ouest de la province du Xinjiang

Steil aufragende Gebirgsketten, Eselskarren und Dromedar-Karawanen, Menschen aller Abstammungen zwischen Basaren und Moscheen – das kann eigentlich noch gar nicht das ›richtige‹ China sein. Dennoch gehören die Zivilisationen und Landstriche rund um die riesige Takla-Makan-Wüste im Tarim-Becken zur nordwestlichsten Ecke der Volksrepublik, der Provinz Xinjiang.

Turkmenische Uiguren, Mongolen, Tadschiken, Mandschuren, Kasachen, Kirgisen, Russen und Dauren sowie die Ethnien der Xibe und der Hui erzeugen hier eine Völkervielfalt, die in Beijing eher mit Argwohn beobachtet wird. Die staatlich gelenkte Ansiedlung der Han-Chinesen hat zwar die demografischen Verhältnisse verändern können. Doch die Rufe nach einem eigenen, moslemisch dominierten Staat sind mit der Unabhängigkeit benachbarter turkestanischer Länder eher lauter geworden.

Ganz im Westen von Xinjiang, wo mit Karakorum, Kunlun und Hohem Pamir drei der höchsten Gebirge aneinander stoßen, liegt auch einer der größten Knotenpunkte der Seidenstraße. In der mythenum-

De hautes chaînes montagneuses escarpées, des charrettes tirées par des ânes, des caravanes de dromadaires et des hommes de toutes origines s'animant entre bazars et mosquées – ce n'est pas là l'image qu'on se fait habituellement de la «vraie» Chine. Pourtant les peuples et les régions qui entourent l'immense désert du Takla-Makan, dans le bassin du Tarim, font bien partie de la province du Xinjiang, à l'extrême nord-ouest de la république populaire.

Ouïgours turkmènes, Mongoles, Tadjiks, Mandchous, Kazakhs, Kirghiz, Russes et Daur mais aussi membres des ethnies des Xibe et des Hui composent une mosaïque de peuples que Beijing a tendance à considérer avec défiance. L'installation favorisée par l'Etat des Chinois han a certes modifié les conditions démographiques de la province. Néanmoins, les appels à un Etat autonome à dominance musulmane se renforcent depuis l'indépendance des régions voisines de l'ancien Turkestan.

Tout à l'ouest du Xinjiang, où s'arc-boutent trois des plus hautes montagnes, le Karakoram, le Kunlun et le haut Pamir, niche l'un des plus grands carrefours de la route de la soie. Jadis, les marchands venus

rankten Oase Kashgar bzw. am nahen ›Steinernen Turm‹ in der Ortschaft Tashkorgan, einem antiken Marktplatz unweit des 7546 Meter hohen Muztagh Ata, trafen einst die Händler aus dem Westen, aus Indien und aus dem zentralen China zusammen, um einander ihre Waren zu übergeben. Von dem sagenumwobenen ›Steinernen Turm‹ ist nur eine windumtoste Ruine übrig geblieben; doch in Kashgar oder Kashi, Chinas größter Oasenstadt, tobt der Handel immer noch mit orientalischer Dynamik.

Jeden Sonntag breitet sich auf einer riesigen Fläche nahe der Altstadt der »Bazar-Kum«, der »Große Markttag«, aus. Dann werden Pferde, Esel, Lämmer und Kamele verhökert sowie Feigen, Aprikosen und Trauben, und Schuhe und Röcke und Musikkassetten und illegale Schneeleopardenfelle. Zahnärzte und Friseure, Schlächter und Kupferschmiede bieten mit Geschichtenerzählern und Instrumentenbauern ihre Dienste an. Solche Basarkultur findet sich entlang der nördlichen und der südlichen Route der Seidenstraße nach Osten, wo beide in Dunhuang wieder aufeinander treffen, in dieser Größe nirgends mehr – weder in Khotan (chin. Hetian), das früher Zentrum eines buddhistischen Königreichs war, noch in Turfan, der geschichtsträchtigen Oase in der Gobi-Wüste.

Es sind die moslemisch geprägten Bauten und Denkmäler, die in diesen sandumwehten Oasenstädten für das Unverwechselbare sorgen – die kapitale Id-Kah-Moschee und das Grabmal des Abakh Hodja in Kashgar, die uighurische Moschee in Turfan, die Altstadt von Yarkand. Die erhabensten Monumente aber schufen die Götter im Westen von Xinjiang. Das sind die eisbedeckten, je nach Licht und Wetter lockenden oder drohenden Berge. Der Unterschied beträgt mehr als 7000 Meter und etwa sechzig bis siebzig Grad Celsius.

d'Occident, d'Inde et du centre de la Chine venaient échanger leurs marchandises au marché qui s'étendait près de la « tour de pierre » du village de Tashkurgan, dans la mythique oasis de Kashgar, que domine le Muztagata du haut de ses 7 546 mètres. De la légendaire « tour de marbre » ne subsiste qu'une ruine balayée par les vents. Cependant à Kashgar ou Kashi, la plus grande oasis de Chine, le commerce n'a rien perdu de sa vitalité orientale.

Tous les dimanches a lieu la «grande foire» sur une immense étendue près du centre historique de «Bazar-Kum». On y marchande des chevaux, des ânes, des agneaux et des chameaux mais aussi des figues, des abricots et du raisin, sans oublier les chaussures, les vêtements, les cassettes audio et, dans la clandestinité, les peaux de léopard des neiges. Dentistes, coiffeurs, bouchers et chaudronniers proposent leurs services aux côtés des conteurs et des facteurs d'instruments de musique. Cette culture de bazar connaît ici une ampleur dont on ne trouve plus l'équivalent nulle part ailleurs le long des routes de la soie vers l'Orient, dont les parties nord et sud se croisent à Dunhuang – ni à Khotan (Hetian en chinois), ancien centre d'un royaume bouddhiste, ni à Turfan, oasis chargée d'histoire du désert de Gobi.

Ce sont les édifices et les monuments de caractère musulman qui font toute la particularité de ces oasis balayées par les vents de sable – la grande mosquée Id Kah et le mausolée d'Abakh Hoja à Kashgar, la mosquée ouïgour à Turfan ou encore le centre historique de Yarkand. Les monuments les plus sublimes restent cependant ceux créés par les dieux à l'ouest du Xinjiang. Ce sont les montagnes couvertes de glaciers dont la silhouette se fait tour à tour attirante ou menaçante selon la lumière et le temps. On y relève des différences d'altitude de plus de 7 000 mètres et de températures de près de 70°C.

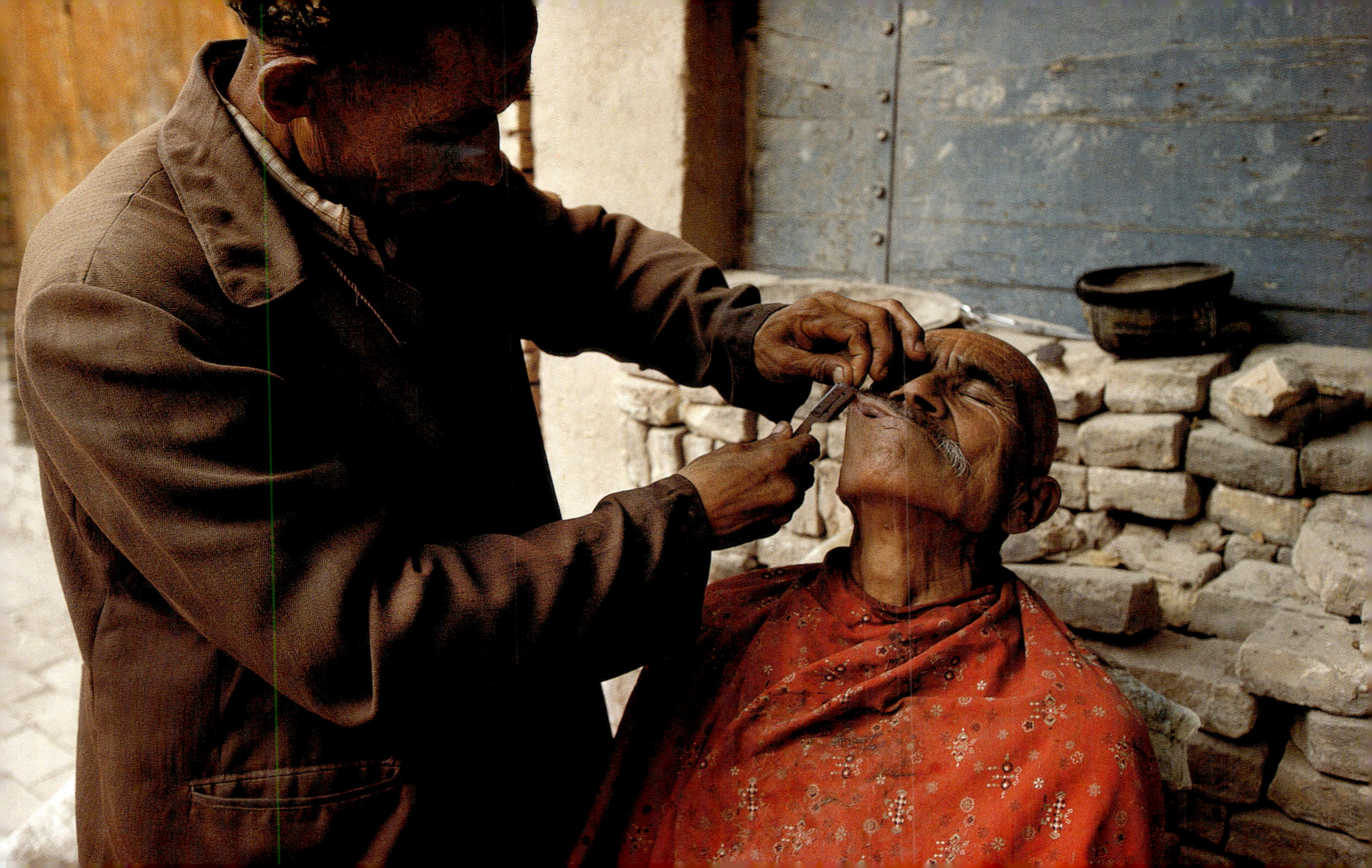

Ost-Tibet
Le Tibet oriental

Jenseits von Lhasa

Au-delà de Lhasa

Der östliche Teil des tibetanischen Hochlands war für chinesische Handelsreisende in jeder Hinsicht unvermeidbar. Auf dem Weg nach Zentralasien zogen sie über das zweitausendjährige Lanzhou, heute die nüchterne 2-Millionen-Kapitale der chinesischen Provinz Gansu, durch den Hexi-Korridor in Richtung Westen. Wer sich auf südlichere Strecken entlang der Ausläufer des Himalaja begab, wurde sehr bald mit einer der faszinierendsten Landschaften und Kulturen der Welt vertraut gemacht.

Tibet beginnt in Gansu als fruchtbare Ebene an den Läufen von Yangzi und Huang He, dem Gelben Fluss. Noch in Linxia, der Stadt der 20 Moscheen, dominieren die moslemischen Hui-Chinesen. Die geografische wie spirituelle Wende markiert das 2800 Meter hoch gelegene Xiahe mit dem benachbarten Kloster von Labrang, das eine renommierte Universität unterhält: Ab hier ist beinahe alles hoch und heilig.

Die tief verwurzelte Kultur der buddhistischen Klöster mag offenbar bröckeln, da die chinesische Zentralregierung sie seit der

La partie orientale du haut plateau tibétain était pour les marchands chinois à tous points de vue incontournable. Sur la route qui les menait en Asie centrale, ils traversaient Lanzhou, une ville deux fois millénaire devenue depuis, avec ses deux millions d'habitants, la discrète capitale de la province chinoise du Gansu. Ensuite ils rejoignaient l'Occident par le corridor du Hexi. Plus au sud, les routes aménagées dans les contreforts de l'Himalaya découvraient à leurs yeux l'un des plus fabuleux panoramas et l'une des cultures les plus fascinantes du monde.

Le Tibet commence au Gansu par une plaine fertile qui suit les cours du Yangzijiang et du Huanghe, le fleuve Jaune. A Linxia, la ville aux vingt mosquées, les musulmans chinois, ou Hui, prédominent toujours. Le changement géographique et spirituel est marqué par Xiahe, à 2 800 mètres, et le monastère voisin de Labrang, qui abrite une université renommée : à partir de là tout n'est plus qu'élévation et spiritualité.

La culture profondément ancrée des monastères bouddhistes peut sembler s'effriter car le gouvernement central chinois fait de son mieux

Einverleibung Tibets (1959) nach Kräften diskriminiert. Dennoch haben sich die 3 Millionen Menschen auf dem größten Dach der Welt (etwa 2 Millionen Tibeter leben in angrenzenden Provinzen) ihre innere Freiheit bewahrt. Auch angesichts massierter Militärpräsenz und vieler zugezogener Han-Chinesen pflegen die meisten Tibeter in ihrem Alltag weiter ihre pittoresk anmutenden, über Jahrtausende tradierten Zeremonien.

Das Unbotmäßige gilt auch für die vielen Halbnomaden unter den Kleinbauern, die noch immer 85 Prozent der Bevölkerung ausmachen. Druck aus Beijing hat sie von Herbst bis Frühling sesshaft werden lassen. Doch in den kurzen, wunderschönen Sommern kann man etwa im ehemaligen Königreich Amdo oder im Kham-Tal noch immer ihre dunklen Rundzelte bei den Yak-Herden in den grünen Hochebenen stehen sehen. »Sie brauchen sie als Last- und Arbeitstiere«, wusste Marco Polo über diese domestizierten Wildrinder zu berichten, »und ich kann euch sagen, die Jaks pflügen zwei Mal so gut und haben doppelt so viel Kraft wie anderes Rindvieh.«

Vom Yak ist alles, was die Kleinbauern in ihrem bescheiden Alltag benutzen: die Wolle und das Leder, das Fleisch und die proteinreiche Milch samt dem daraus gewonnenen Käse. Und zu jeder Tasse Tee, die gerne mit Fremden geteilt wird, gehört ein Stich Yak-Butter wie anderswo ein Würfel Kandis. Die Amüsierlokale und das hektische Gedränge auf den Straßen in der touristisch überrannten Hauptstadt Lhasa sind in den diesen Gefilden noch weit entfernt. Man muss nicht selbst spirituell werden in dieser omnipräsenten Aura der Einkehr und der Demut. Aber es spricht im Grunde auch nichts dagegen.

pour l'étouffer depuis l'occupation du Tibet par la Chine (1959). Toutefois trois millions de personnes (environ deux millions de Tibétains vivent dans les provinces voisines) ont réussi à préserver leur liberté intérieure sur le plus haut toit du monde. Malgré la présence massive de militaires et de nombreux colons Chinois han, la majorité des Tibétains poursuivent dans la vie quotidienne leurs pittoresques cérémonies traditionnelles dont la transmission se perpétue depuis des millénaires.

Insubordonnés, les semi-nomades le sont aussi. Nombreux parmi les petits fermiers, ils représentent encore 85% de la population. Les pressions exercées par Beijing les obligent à se sédentariser de l'automne au printemps. Néanmoins, durant le court et merveilleux été, on aperçoit encore dans l'ancien royaume de l'Amdo ou dans la vallée du Kham leurs sombres tentes rondes, auprès desquelles les troupeaux de yacks paissent sur les verdoyants plateaux. «Ils s'en servent comme animaux de trait» expliquait Marco Polo à propos de ces ruminants sauvages domestiqués, «et je peux vous assurer que les yacks labourent deux fois mieux et possèdent deux fois plus de force que les autres bovidés».

Avec le yack, les petits fermiers disposent de tout ce dont ils ont besoin pour leur vie quotidienne : la laine et le cuir, la viande et le lait riche en protéines mais aussi le fromage qu'ils en tirent. Chaque tasse de thé, qu'ils partagent volontiers avec des étrangers, est servie accompagnée d'une noix de beurre de yack en guise de sucre. On est bien loin de l'animation qui règne dans les rues de la capitale, Lhassa, envahie par les touristes. Rien n'oblige de se tourner soi-même vers la spiritualité dans ces régions où le recueillement et l'humilité semblent omniprésents, mais rien n'empêche non plus de le faire.

China
La Chine

Yunnan,
Guizhou &
Guangxi

Provinzen im Süden Chinas

Provinces du Sud de la Chine

Chinas Südwesten kann Reisende mit Leichtigkeit überraschen. Wer die Volksrepublik mit der Vorstellung amorph erscheinender Menschenmengen bereist, wird an diesem äußersten Ende mit einer ungeahnten Vielfalt der Völker konfrontiert. Von den 1,25 Milliarden Staatsbürgern gehören immerhin 8 Prozent (100 Millionen) nicht der erdrückenden Mehrheit der Han-Chinesen, sondern einer der etwa 55 ethnischen Minderheiten an. Und davon leben die meisten hier - im gebirgigen Yunnan, der Provinz »südlich der Wolken«, wie der Name heißt; im subtropischen Guangxi, das bei Guilin mit fantastischen Felsformationen lockt und im Süden mit den Sandstränden am Beibu-Golf; oder zwischen den grünen Bergen und den glänzenden Reisterrassen von Guizhou.

Es war das Volk der Akka, das hier vor rund 2500 Jahren den Reisanbau in Terrassenform erfand. Ihre Nachfahren nutzen auch heute noch jeden Flecken fruchtbarer Erde, um Reis, Tabak, Süßkartoffeln und Baumwolle anzubauen, und fräsen sich wie Landschaftsmaler immer weiter in die gerodeten Hänge hinein. Ihre Arbeit ist manuell, ihr Glaube nicht selten animistisch – Schamanen sind ebenso populär wie der Glaube an gute und böse Geister, die in

Le Sud-Ouest de la Chine peut aisément surprendre le visiteur. Si l'on se rend en république populaire avec en tête l'image d'une population atone, on ne peut en effet que s'étonner de découvrir l'inimaginable multitude de peuples qu'abrite cette lointaine région. Le fait est que 8% (100 millions) des 1,25 milliard d'habitants que compte l'Etat chinois appartiennent non pas à la majorité écrasante des Chinois han mais à l'une des quelque 55 minorités ethniques dénombrées au sein de la population. La plupart d'entre elles vivent d'ailleurs ici : dans les montagnes du Yunnan, la province dite «au sud des nuages», dans la province subtropicale du Guangxi, célèbre pour les fantastiques pitons calcaires des environs de Guilin et les plages de sable qui bordent le golfe du Tonkin au sud, ou dans les vertes montagnes où miroitent les rizières en terrasses de la province du Guizhou.

C'est à l'ethnie des Akha qu'on doit la mise en place de la culture du riz en terrasses il y a environ deux mille cinq cents ans. Leurs descendants exploitent encore aujourd'hui le moindre lopin de terre fertile pour faire pousser du riz, du tabac, des patates douces et du coton. Sans machine, ils continuent ainsi de façonner le paysage en défrichant les hautes terres. Sur le plan religieux, ils sont le plus souvent animistes – les chamans sont

den Bergen leben. Zu den zahlreichen Festen werden traditionelle Kostüme und Schmuck angelegt, die jeden Fotografen jubeln lassen. So geht es auch bei den Dai zu, den Hmongs (Miao), den Bai, den Lisu, den Gejia, Dong und Naxi und vielen anderen alteingesessenen Völkern im Süden.

Nicht nur die traditionelle, kleinbäuerliche Lebensweise hat sich hier nahezu unverändert erhalten, sondern auch kunstvollstes Handwerk. Bis heute sind die Dong für ihre Schreinerkunst berühmt, die sich an ihren Holzbrücken und -türmen zeigt. Andere Völker haben ihre Geschichte auf Stickereien festgehalten, deren Lektüre oft mehr verbreitet ist als das Alphabet. Am 1900 Meter hohen Erhai-See bei dem historischen Ort Dali in den Canshai-Bergen, früher wichtiger Knotenpunkt des transasiatischen Handels, benutzen Fischer noch immer Kormorane für ihren Fang. Und bei den verschiedenen Clans der Hmongs (Miao) dienen die opulent bestickten Festkleider wie ihr kostbarer Silber- und Haarschmuck unverändert als Status- und Stammesausweis.

Jedes Frühjahr kommen die so herausgeputzten Mädchen des Blumenclans der Hmong in den Hügeln beim Dorf Nanhai zu Tausenden zusammen, um sich heiratswilligen jungen Männern zu präsentieren. Diese Brautschau wird wie so viele andere Feste im Süden Chinas inzwischen nicht nur toleriert, sondern von offizieller Seite promotet. Dabei kann es passieren, dass ihre Termine, die früher dem Mondkalender folgten, auf höhere Anweisung für internationale Touristen verlegt werden. So bedient sich die Volksrepublik heute jener ethnischen Gruppen, die sie an den Rand der Gesellschaft gedrängt hat, auf sehr einträgliche Weise.

aussi répandus que la croyance aux esprits bienveillants et maléfiques qui peuplent les montagnes. A l'occasion des fêtes, nombreuses, ils revêtent leurs costumes et leurs bijoux traditionnels pour la plus grande joie des photographes. Il en va de même chez les Dai, les Hmong (Miao), les Bai, les Lisu, les Gejia, les Dong et les Naxi ainsi que chez nombre d'autres peuples établis depuis longtemps dans le Sud.

Les petits fermiers ont su conserver non seulement leur mode de vie traditionnel mais leur fabuleux artisanat. Aujourd'hui encore, les Dong sont réputés pour leurs talents d'ébénistes, qu'illustrent si bien les ponts et les tours en bois réalisés par leurs soins. D'autres ethnies ont perpétué leur histoire à travers la broderie, dont la lecture est plus souvent répandue que celle de l'alphabet. A 1 900 mètres d'altitude, sur le lac Erhai qui s'étend près du village historique de Dali, dans les Canshai, ancien grand carrefour du commerce transasiatique, les pêcheurs utilisent toujours des cormorans pour la pêche. Dans les divers clans Hmong (Miao), les habits de fête aux opulentes broderies et les riches bijoux et peignes en argent témoignent encore du rang social et des origines de chacun.

Tous les printemps, les jeunes filles hmong-fleuris se rendent par milliers ainsi parées dans les collines des environs du village de Nanhai pour se présenter aux jeunes célibataires désireux de prendre femme. Comme bien d'autres fêtes, cette foire aux célibataires est non seulement encore tolérée mais officiellement soutenue dans le Sud de la Chine. Il arrive d'ailleurs que les dates de ces manifestations, qui suivaient autrefois le calendrier lunaire, soient déplacées sur instance des autorités afin de satisfaire le tourisme international. C'est ainsi que la république populaire profite aujourd'hui de manière lucrative de ces groupes ethniques qu'elle a pourtant mis au banc de la société.

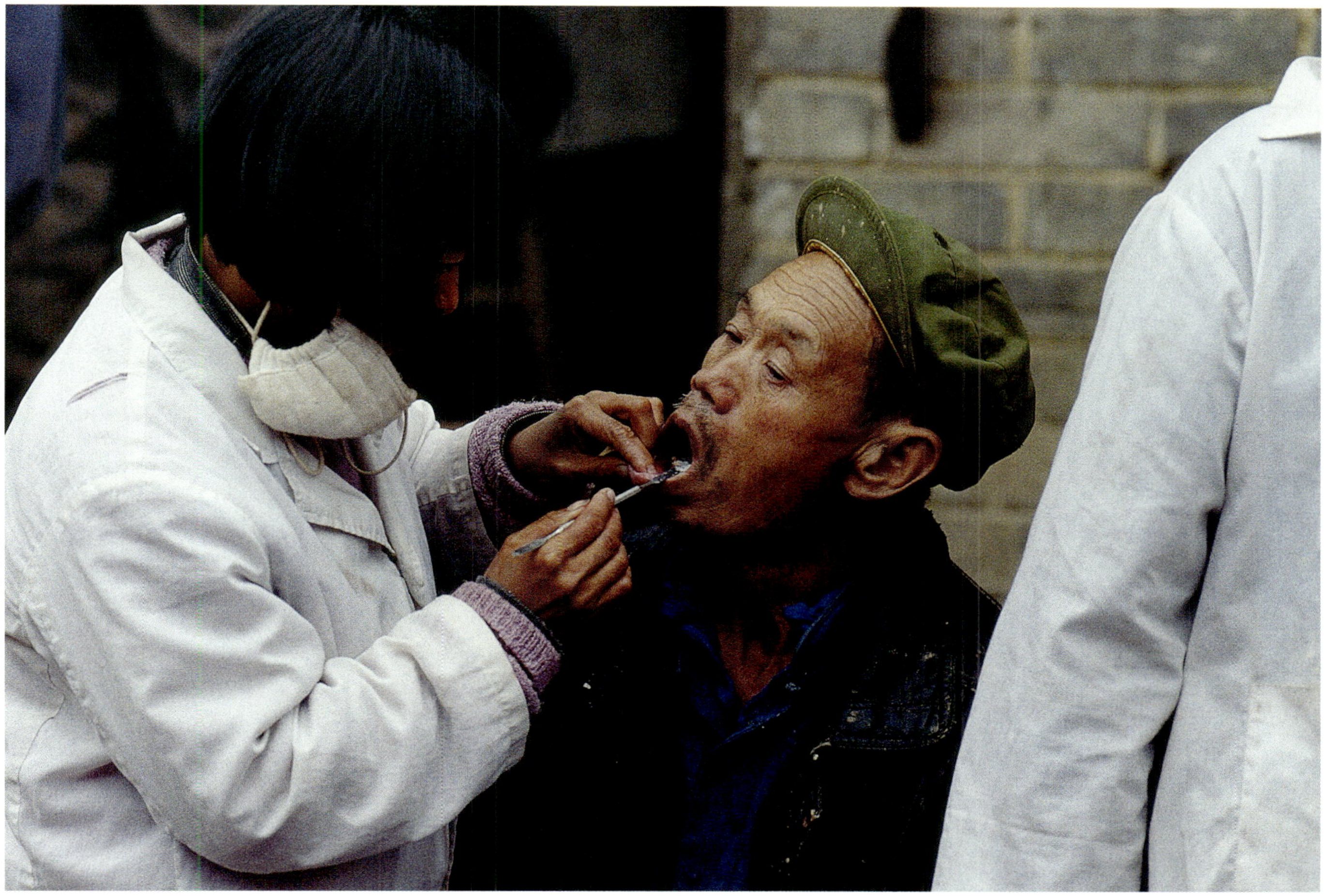

Guizhou

Nord-indien
Le Nord de L'Inde

Von Kaschmir nach Ladakh und Zanskar

Du Cachemire au Ladakh et au Zanskar

Das alte Ladakh, das sagenhafte Kaschmir: In seinen Himalaja-Regionen lockt der indische Subkontinent mit den klangvollen Namen versunkener Königreiche. Doch das wirkliche Leben in diesen Regionen fordert täglich seinen Preis: Wo Indien am höchsten ist, ist es oft auch am härtesten.

Vergleichsweise mild ist das Klima in Srinagar, dem Ausgangspunkt vieler Exkursionen (auch wenn Globetrotter das charismatischere, knapp 2000 Meter hohe Minali in Himachal Pradesh bevorzugen). Die hektische Hauptstadt des Bundesstaates Jammu und Kaschmir liegt im Norden des grünen Kaschmir-Tals. Zahlreiche Militärs und Straßenkontrollen erinnern daran, dass der politische Konflikt über die Zugehörigkeit der Region weiter schwelt. Auf dem nahen Dal-See aber zeigt sich der Landstrich weiter als Idylle: Tausende von Menschen leben auf Haus- und Beibooten, den Shikaras, auf denen sie Blumen und Gemüse von den »Schwimmenden Gärten« am Seeufer handeln.

Gleich darüber ragen die westlichen Bergketten des Himalaja auf, wo menschliches Leben sich nur in wenigen Hochebenen entlang des Indus und seiner Nebenflüsse verliert. Dazu gehört das Nubra-Tal,

L'ancien Ladakh, le légendaire Cachemire: dans la région de l'Himalaya, le sous-continent indien séduit par les noms enchanteurs de ses royaumes disparus. En réalité, la vie dans ces régions a un coût élevé au quotidien car en Inde, ce qui est le plus haut est aussi souvent le plus dur.

Le climat est relativement doux à Srinagar. C'est le point de départ de nombreux treks (même si les globe-trotters lui préfèrent la plus charismatique Manali, à tout juste 2 000 mètres d'altitude, dans l'Himachal Pradesh). La fiévreuse capitale de l'Etat de Jammu-et-Cachemire s'étend au nord de la verdoyante vallée du Cachemire. Immanquablement, la présence des militaires et le nombre des contrôles routiers rappellent que le conflit politique suscité par l'insertion de la région dans l'Union indienne ne cesse de s'amplifier. Au bord du lac Dal, les paysages ont néanmoins conservé leur charme idyllique: des milliers de personnes vivent dans des maisons sur l'eau au milieu des barques, les shikaras, à bord desquelles sont vendus les fleurs et les légumes cultivés dans les «jardins flottants» aménagés sur la rive du lac. En toile de fond se dresse la chaîne occidentale de l'Himalaya, où les hommes vivent dispersés dans quelques hautes plaines le long de l'Indus et de ses affluents. C'est là que se trouvent la vallée de la Nubra, ancienne étape importante des routes commerciales traditionnelles, ou encore la vallée du

einst wichtige Zwischenstation auf den alten Handelswegen, oder das Zanskar-Tal mit dem Felskloster Phuktal und dem wichtigsten Ort Padum. Keine Passage ist jedoch so legendär geworden wie das einstige Königreich Ladakh, das Westler einmal ›Moon Country‹ tauften. Völlig zu recht: Hier erscheint die Steinwüste des Gebirges so bizarr wie unerbittlich. Die Pässe werden im Winter geschlossen, die Temperaturen schwanken zwischen plus und minus 30°C.

Es wird noch stiller, je weiter man nach Osten in Richtung Tibet kommt. Zwischen wenigen Klöstern stößt man vereinzelt auf Bauern der Drogpahs, Angehörigen des indo-arischen Volkes der Darden, sowie auf halbnomadische Hirten, die Changpahs. Sie ziehen mit ihren Yaks, Schafen und Kaschmirziegen als Selbstversorger über die spärlichen Hochebenen und trotzen den Bergen über klug angelegte, subterrane Kanalsysteme das Wasser für einen bescheidenen Gemüseanbau ab. In krassem Gegensatz zum kargen Alltag stehen ihre burlesken Theateraufführungen, ihre vielen Feste, Tänze und Trachten – und ihr Vertrauen in die schamanische Medizin.

Ganz in Grün leuchtet im fernen Osten der indischen Himalaja-Territorien schließlich Sikkim – Land der Teegärten und der sanften Hügel, wo die imposanten Achttausender in Sichtweite sind. Nah genug nicht nur für Touristen, sondern auch für die Sehnsucht der zahlreichen Exilanten aus Tibet, Nepal und Bhutan. Wer hier über Darjeeling hinaus weiter nach Norden will, muss sich vielfach legitimieren.

Jenseits der Grenze zu China stößt man dann auf die Straße nach Xigaze und Lhasa und nimmt die alten Pfade der Kaufleute, Pilgerer und Krieger wieder auf – der Kreis schließt sich.

Zanskar avec le monastère de Phuktal accroché à la montagne et le bourg administratif de Padum. Aucun passage n'est toutefois devenu aussi mythique que celui de l'ancien royaume du Ladakh. Il fut baptisé jadis «pays de la lune» par les Occidentaux, avec beaucoup de raison car les déserts de pierre de ses montagnes sont aussi insolites qu'impitoyables. L'hiver, les cols sont fermés, les températures oscillent entre plus et moins 30°C.

Plus on avance vers l'est en direction du Tibet, plus les rencontres se font rares. Entre les monastères épars, on croise sporadiquement des paysans drokpas, appartenant à l'ethnie indo-aryenne des Dardes, ou des bergers semi-nomades, les Changpas. Ils élèvent des yacks, des moutons et des chèvres du Cachemire pour assurer leur subsistance dans les hautes plaines clairsemées, et bravent les montagnes en installant d'habiles réseaux de canalisations souterrains pour irriguer leurs modestes potagers. Offrant un vif contraste avec ce frugal quotidien, ils organisent des représentations théâtrales burlesques, de nombreuses fêtes et danses et possèdent de magnifiques costumes régionaux – ils témoignent en outre une étonnante confiance en la médecine chamanique.

Tout de vert illuminé, le Sikkim est le dernier des lointains territoires indiens de l'Est de l'Himalaya. Cette terre de collines douces couvertes de plantations de thé a pour horizon les imposants huit mille mètres. Leur proximité ne séduit pas uniquement les touristes, elle plaît également aux nombreux exilés nostalgiques du Tibet, du Népal et du Bhoutan. Pour continuer ensuite au nord vers Darjeeling, il faut montrer patte blanche à moult reprises. De l'autre côté de la frontière avec la Chine, on tombe sur la route de Xigaze et de Lhassa qui permet de marcher sur les traces des marchands, des pèlerins et des hommes de guerre qui empruntaient les anciens sentiers – la boucle est bouclée

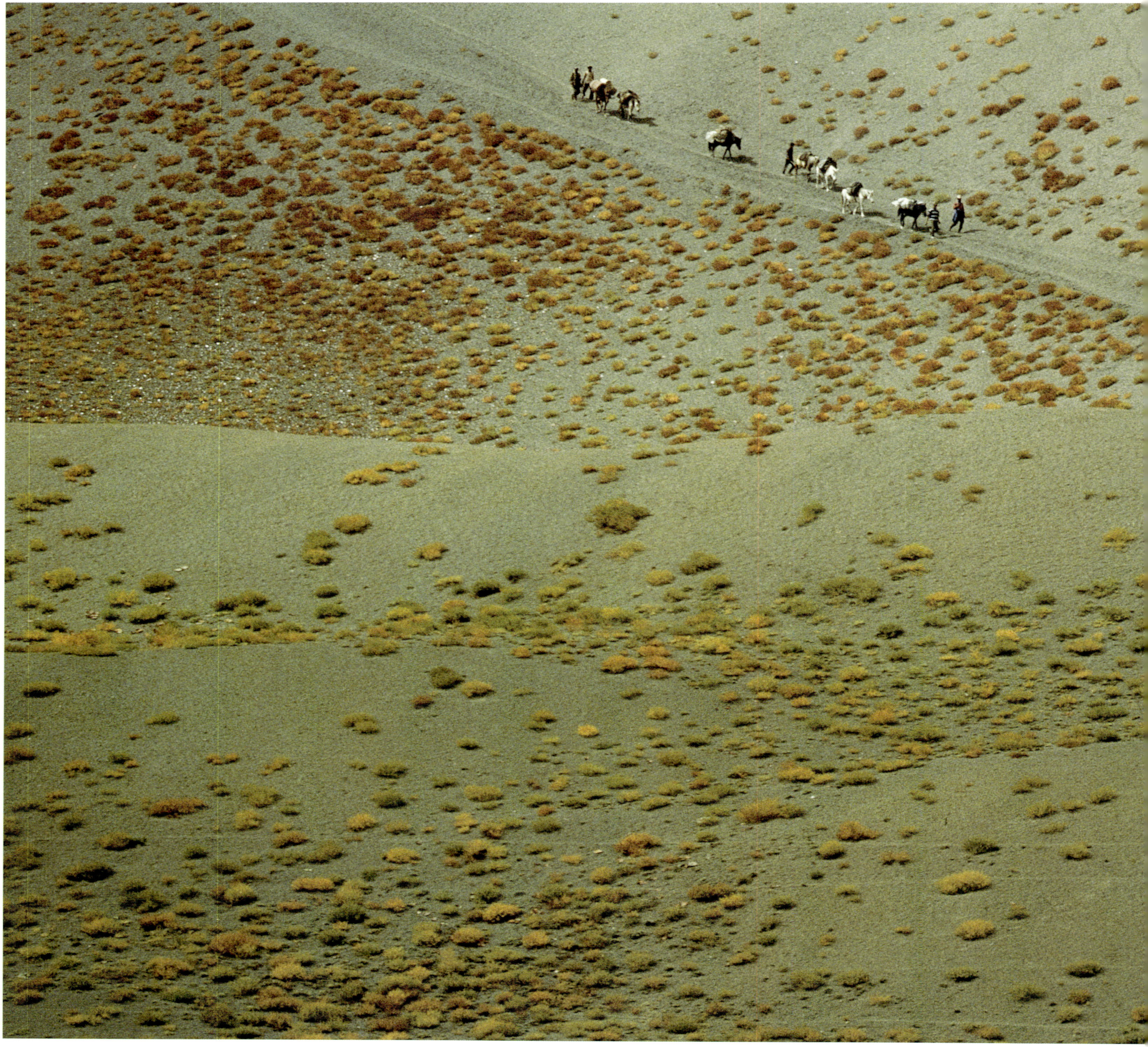

Kulturen der Seidenstraße

Peuples de la route de la soie

Bildindex Index des photos

Spiti-Tal, Indien
La vallée du Spiti, en Inde
7

Alessandra Meniconzi auf dem Karakorum Highway, Hunza-Tal, Pakistan
Alessandra Meniconzi sur la Karakoram Highway, dans la vallée des Hunza, au Pakistan
8

Alessandra Meniconzi überquert eine Hängebrücke nahe Pas, Hunza-Tal, Pakistan
Alessandra Meniconzi traversant un pont suspendu près du Pas, dans la vallée des Hunza, au Pakistan
9

Türkei · La Turquie

Vulkanlandschaft in Kappadokien, Südost-Anatolien
Paysage volcanique en Cappadoce, dans le Sud-Est de l'Anatolie
10-11

Tuffsteingebirge in Kappadokien, Südost-Anatolien
Buttes de tuf en Cappadoce, dans le Sud-Est de l'Anatolie
13

Süleymaniye-Moschee, Istanbul
Mosquée Süleymaniye, à Istanbul
14-15

Teppichknüpferin aus Göreme, Südost-Anatolien
Noueuse de tapis de Göreme, dans le Sud-Est de l'Anatolie
16

Natürlich gefärbte Wolle für Teppiche, Göreme, Südost-Anatolien
Teinture naturelle de la laine pour les tapis, à Göreme, dans le Sud-Est de l'Anatolie
17

Blick über das winterliche Göreme, Südost-Anatolien
Vue hivernale sur Göreme, dans le Sud-Est de l'Anatolie
18

Im Inneren einer Felsenwohnung, Kappadokien, Südost-Anatolien
Intérieur d'une habitation troglodyte, en Cappadoce, dans le Sud-Est de l'Anatolie
19

In den Fels gehauene Kirche in Kappadokien, Südost-Anatolien
Eglise taillée dans le roc en Cappadoce, dans le Sud-Est de l'Anatolie
20

Tuffsteingebirge in Kappadokien, Südost-Anatolien
Buttes de tuf en Cappadoce, dans le Sud-Est de l'Anatolie
21

Grabstätte von Antiochus I. auf dem Berg Nemrut, Südost-Anatolien
Mausolée d'Antiochos Ier sur le mont Nemrut, dans le Sud-Est de l'Anatolie
22-23

Moschee in der Nähe des Ishak-Pasha-Palastes, Kurdistan
Mosquée des environs du palais d'Ishak-Pasha, au Kurdistan
24

Kurdin aus der Region um den Mt. Ararat, Kurdistan
Femme kurde de la région du mont Ararat, au Kurdistan
25

Schafherde in Kurdistan
Troupeau de moutons au Kurdistan
26-27

Kaukasus · Le Caucase

Geghard Kloster, Armenien
Monastère de Geghard, en Arménie
28-29

Das Sapara-Kloster, Georgien
Le monastère de Sapara, en Géorgie
31

Der Berg Ararat, nationales Symbol des alten Armeniens, heute auf türkischem Gebiet
Le mont Ararat, symbole national de l'ancienne Arménie appartenant aujourd'hui à la Turquie
32-33

Weideland im Eghegama-Gebirge, Armenien
Pâturages dans les montagnes Geghama, en Arménie
34

Flusstal in der Region um Garni, Armenien
Vallée fluviale dans la région de Garni, en Arménie
35

Felder in der Umgebung von Erewan, Armenien
Champs dans les environs d'Erevan, en Arménie
36-37

Straßenmusiker am Sevan-See, Armenien
Musiciens de rue au lac Sevan, en Arménie
38-39

Landestypisches Steinkreuz, *Khachkar*, Sevan-See, Armenien
Croix en pierre typique *Khachkar*, au lac Sevan, en Arménie
40

Kirche am Fuße des 4090 Meter
hohen Mt. Aragats, Armenien
Église au pied du mont
Aragats (4 090 m), en Arménie

41

Höhlensiedlung in Vardzia, Georgien
Habitations troglodytes de Vardzia, en Géorgie

42

Altar in der Höhlenstadt
Vardzia, Georgien
Fresque d'une église de la cité
de roc de Vardzia, en Géorgie

43

Bauer in der Provinz
Samtskhe-Javakheti, Georgien
Paysan de la province du
Samtskhe-Javakheti, en Géorgie

44

Felder in der Provinz
Samtskhe-Javakheti, Georgien
Champs de la province du
Samtskhe-Javakheti, en Géorgie

45

Backgammon-Spieler, Georgien
Joueurs de backgammon, en Géorgie

46

Häuserfassade in Echmiadzin, Armenien
Façade de maisons à Etchmiadzine, en Arménie

47

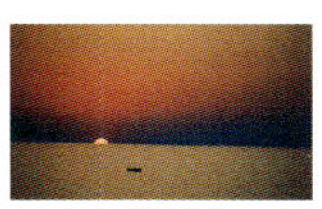

Das Schwarze Meer bei Batumi, Georgien
La mer Noire près de Batoumi, en Géorgie

48-49

Zentralasien · L'Asie centrale

Kasachischer Falkner
Fauconnier kazakh

50-51

Orthodoxe Kirche in Almaty,
Kasachstan
Église orthodoxe d'Almaty,
au Kazakhstan

53

Die Medrese Chir Dor am Registan,
Samarkand, Usbekistan
La medersa Chir Dor sur le Registan,
à Samarkand, en Ouzbékistan

54

Kirgisische Nomadin in
einem Yurta, Karakul, China
Nomade kirghize dans une yourte,
à Karakul, en Chine

55

Braut aus Saryzaz,
Kasachstan
Mariée de Saryzaz,
au Kazakhstan

53

Hochzeitsgesellschaft,
Saryzaz, Kasachstan
Noce, à Saryzaz,
au Kazakhstan

57

Orthodoxer Gottesdienst in
Almaty, Kasachstan
Office orthodoxe à Almaty,
au Kazakhstan

58-59

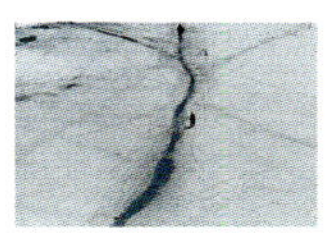

Eisfischer in der Kungey-Ala-Too-
Gebirgsregion, Kasachstan
Pêche sous la glace dans la région montagneuse
des Kungey Alatau, au Kazakhstan

60

Falkner aus Zanatalap, Kasachstan
Fauconnier de Zanatalap, au Kazakhstan

61

Schafherde im Tien-Shan-
Gebirge, Kasachstan
Troupeau de moutons dans les montagnes
du Tian Shan, au Kazakhstan

62-63

Schäfer, Tien-Shan-Gebirge,
Kasachstan
Berger, dans les montagnes
du Tian Shan, au Kazakhstan

64-65

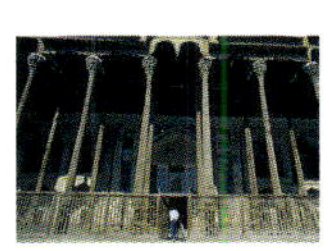

Die Bolo-Hauz-Moschee in
Bukhara, Usbekistan
Mosquée Bolo Khaouz de Boukhara,
en Ouzbékistan

66

Männer in Bhukara beim
Domino-Spiel, Usbekistan
Hommes jouant aux dominos
à Boukhara, en Ouzbékistan

67

Die Medrese Chir Dor am Registan,
Samarkand, Usbekistan
La medersa Chir Dor sur le Registan,
à Samarkand, en Ouzbékistan

68-71

Stadtmauer von Itchan Kala
in Khiva, Usbekistan
Mur de la cité d'Itchan Kala
à Khiva, en Ouzbékistan

72

Holzschnitzer in Khiva, Usbekistan
Sculpteur sur bois de Khiva, en Ouzbékistan

73

Nomadencamp am 3615 Meter
hohen Taldyk-Pass, Kirgistan
Camp nomade au col de Taldyk (3 615 m),
au Kirghizstan

74

Yurta, landestypisches Nomadenzelt,
Tash Rabat, Kirgistan
Yourtes, tentes typiques des nomades,
à Tash Rabat, au Kirghizstan

75

Kirgisische Nomadin in einem
Yurta, Karakul, China
Nomade kirghize dans une yourte,
à Karakul, en Chine

76-77

Auf dem Sonntagsmarkt in
Karakol, Kirgistan
Le marché du dimanche à Karakol,
au Kirghizstan

78

Nomaden am Song-Kol-See, Kirgistan
Nomades au lac Song Kol, au Kirghizstan

79

Reiter im Song-Kol-See,
Kirgistan
Cavalier au lac Song Kol,
au Kirghizstan

80-81

Nomadencamp am Kyzyl-Art-Pass auf
4280 Metern Höhe, Tadjikistan
Camp nomade au col de Kyzyl-Art
(4 280 m), au Tadjikistan

82

Karakul-See, Tadschikistan
Lac Karakul, au Tadjikistan

83

Weideland in der Sugnan-Bergregion,
Tadschikistan
Pâturages dans la paysage de montagnes
de Sugnan, au Tadjikistan

84-85

Entlang der Pamir-Road, Grenzgebiet
Afghanistan/Tadschikistan
Sur la route du Pamir, à la frontière entre
l'Afghanistan et le Tadjikistan

86-89

Kinder beim Reisigsammeln,
Pamir-Road, Tadschikistan
Enfants ramassant des brindilles,
sur la route du Pamir, au Tadjikistan

90

An einem der zahlreichen Check-Points
nahe Ruson, Tadschikistan
L'un des nombreux points de contrôle
près de Ruson, au Tadjikistan

91

China · La Chine

Xinjiang

Karawane am
Karakul-See
Caravane au
lac Karakul

92-93

Gletscher am 7719 Meter
hohen Kongur Shan
Glacier du Kongur Shan (7 719 m)

95

Frauen beim
Aprikosentrocknen in Kashgar
Femmes faisant sécher
des abricots à Kashgar

96

Sonntagsmarkt in Kashgar
Marché du dimanche à Kashgar

97

Seidenproduktion
in Kashgar
Production de soie
à Kashgar

98-99

Sonntagsmarkt
in Kashgar
Marché du dimanche
à Kashgar

100

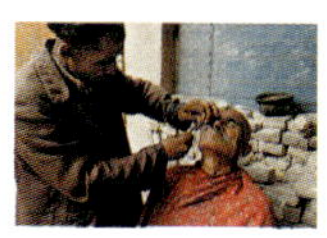

Beim Barbier
in Kashgar
Chez le barbier
à Kashgar

101

Kleiner Handwerksbetrieb
in Kashgar
Petite entreprise artisanale
à Kashgar

102

Hufschmiede
in Kashgar
Maréchal-ferrant
à Kashgar

103

Sonntagsmarkt
in Kashgar
Marché du dimanche
à Kashgar

104

Auf dem Weg zum Markt
nach Tashkurgan
En route pour le marché
de Tashkurgan

105

Mt. Kongur (7719 Meter)
Mont Kongur (7719 mètres)

106-107

Karakul-See mit Mt. Muztagh Ata
(7546 Meter), dem »Vater der Berge«
Le lac Karakul et le mont Muztagata
(7 546 m), le «père des montagnes»

108-109

Landschaft entlang
der Straße nach Aksu
Paysage sur
la route d'Aksu

110

Landschaft nahe
Tashkurgan
Paysage des environs
de Tashkurgan

111

Ost-Tibet · Le Tibet oriental

Mönch bereitet den traditionellen
tibetischen Tee, Yushu-Kloster, Provinz Sichuan
Moine préparant le thé traditionnel tibétain,
monastère de Yushu, dans la province du Sichuan

112-113

Pilgerin dreht
eine Gebetstrommel
Pèlerine tournant
un moulin à prières

115

Tibetischer Junge aus Yeniugou,
Provinz Qinghai
Jeune Tibétain de Yeniugou,
dans la province du Qinghai

116-117

Gastfreundliche Nomadin bei
Zoige, Provinz Sichuan
Hospitalité nomade près de Zoige,
dans la province du Sichuan

118

Yakherde in der Kawasumdo-Region,
Provinz Qinghai
Troupeau de yacks dans la région de
Kawasumdo, dans la province du Qinghai

119

Reiter in der Region Tsigortang,
Provinz Qinghai
Cavalier de la région de Tsigortang,
dans la province du Qinghai

120

Landschaft bei Zoige,
Provinz Sichuan
Paysage près de Zoige,
dans la province du Sichuan

121

Gebetsfahnen in Litang,
Provinz Sichuan
Drapeaux de prière à Litang,
dans la province du Sichuan

122-123

Gebetsfahnen in Litang,
Provinz Sichuan
Drapeaux de prière à Litang,
dans la province du Sichuan

124

Pilgerin in Tatong bei der Kora
(rituelle Umwanderung)
Pèlerine à Tatong effectuant la kora
(promenade rituelle)

125

Morgendämmerung in
Langmusi, Provinz Gansu
Lever du jour à Langmusi,
dans la province du Gansu

126

Junger Mönch in Langmusi,
Provinz Gansu
Jeune moine à Langmusi,
dans la province du Gansu

127

Studium des buddhistischen Dharma,
Litang, Provinz Sichuan
Etude du dharma bouddhiste, à Litang,
dans la province du Sichuan

128-129

Pilger im Kloster von Litang,
Provinz Sichuan
Pèlerins au monastère de Litang,
dans la province du Sichuan

130

Mönche im Kumbum-Kloster,
Provinz Gansu
Moines au monastère de Kumbum,
dans la province du Gansu

131

Alltag im Kloster von Langmusi,
Provinz Gansu
Quotidien au monastère de Langmusi,
dans la province du Gansu

132-133

Rituelle Zeremonie im Kloster,
Litang, Provinz Sichuan
Cérémonie rituelle au monastère
de Litang, dans la province du Sichuan

134-135

Große Gebetstrommel, Hongyuan,
Provinz Sichuan
Grand tambour de prière, à Hongyuan,
dans la province du Sichuan

136

Klösterliche Bibliothek in Langmusi,
Provinz Gansu
Bibliothèque d'un monastère de Langmusi,
dans la province du Gansu

137

Lesen der buddhistischen Lehren,
Langmusi, Provinz Gansu
Lecture des enseignements bouddhistes,
à Langmusi, dans la province du Gansu

138

Mönch aus Langmusi,
Provinz Gansu
Moine de Langmusi,
dans la province du Gansu

139

Mönche mit tibetanischen Hörnern,
Langmusi, Provinz Gansu
Moines jouant de la corne tibétaine,
à Langmusi, dans la province du Gansu

140

Mönch bei Xinghai,
Provinz Qinghai
Moine près de Xinghai,
dans la province du Qinghai

141

Reiterfest in Litang,
Provinz Sichuan
Fête équestre à Litang,
dans la province du Sichuan

142

Traditioneller tibetischer Tanz,
Litang, Provinz Sichuan
Danse traditionnelle tibétaine, à Litang,
dans la province du Sichuan

143

Khampa in traditioneller Kleidung
beim Reiterfest in Litang, Provinz Sichuan
Khampa en costume traditionnel pour la fête
équestre de Litang, dans la province du Sichuan

144-145

China · La Chine

Yunnan, Guizhou & Guangxi

Miao ist eine weitere Bezeichnung für die ethnische Gruppe der Hmong. In den folgenden Bildlegenden wird nur die Bezeichnung Hmong verwendet.
Le terme «miao» est une autre désignation usuelle du groupe ethnique des Hmong. Dans les légendes suivantes, seule est employée la dénomination hmong.

Dong-Frau aus Baoshin bei der Ernte von
Wasserlinsen, Provinz Guizhou
Femme dong de Baoshin récoltant des
lentilles d'eau, dans la province du Guizhou

146-147

Hmong-Bauer auf dem Rückweg von
der Feldarbeit, Provinz Guizhou
Paysans hmong de retour des champs,
dans la province du Guizhou

149

Pakistan · Le Pakistan

Nordindien · Le Nord de L'Inde

Kulturen der Seidenstraße
Peuples de la route de la soie

Impressum
Contributions

Idee, Redaktion und Produktion · Idée, Rédaction et Production:
Ann Christin Artel, Andreas P. Schmitz für/pour buchwerkstatt.com, Essen
Layout, Satz und Illustration · Mise en page, composition et illustration:
Metzgerei Strzelecki, Köln für/pour buchwerkstatt.com
Projektmanagement/ Coordination de projet:
Bettina Freeman & Nicole Weilacher
Übersetzung ins Französische · Traduction française:
Francoise Fauchet, Montreuil
Herstellung · Fabrication:
Michael von Capitaine
Lithografie · Lithographie
LUP AG, Hürth
Druck und Bindung · Impression et reliure:
Stalling GmbH, Oldenburg

Konzept · Conception
Ann Christin Artel, Andreas P. Schmitz, Peter Feierabend

Printed in Germany

ISBN: 3-89985-326-1
27-02036-1

Danksagung
Mein Dank gilt zu allererst den vielen Menschen, die mich auf meinen Reisen mit all ihrer Gastfreundschaft empfangen haben; all meinen Freunden, die mich während meiner Touren begleitet haben; meiner Familie, die sich manches Mal über meine Reiseabenteuer sorgte; der Fotojournalistin Giosanna Crivelli, von der ich lernte aufmerksam hinzuschauen, bevor ich auf den Kameraauslöser drücke; Vito und Judith Noto, die mich anspornten meine Fotos bei Kultur- und Reisemagazinen einzureichen; all den Firmen, die mich auf meinen Reisen mit hochwertiger Ausstattung unterstützten und schließlich Ann Christin Artel und Andreas P. Schmitz, die mir dazu verhalfen, meine Bilder in diesem Buch zu zeigen.

Remerciements
Je tiens avant tout à remercier pour leur hospitalité les nombreuses personnes qui m'ont reçue durant mes voyages, tous les amis qui m'ont accompagnée, ma famille que mes aventures ont souvent inquiétée, la reporter photographe Giosanna Crivelli qui m'a appris à regarder attentivement avant d'appuyer sur le déclencheur, Vito et Judith Noto, qui m'avaient supporté de publier mes photos; toutes les sociétés qui m'ont fourni du matériel de qualité et enfin Ann Christin et Andreas qui m'ont offert l'opportunité de présenter mes photos dans ce livre.